JN299654

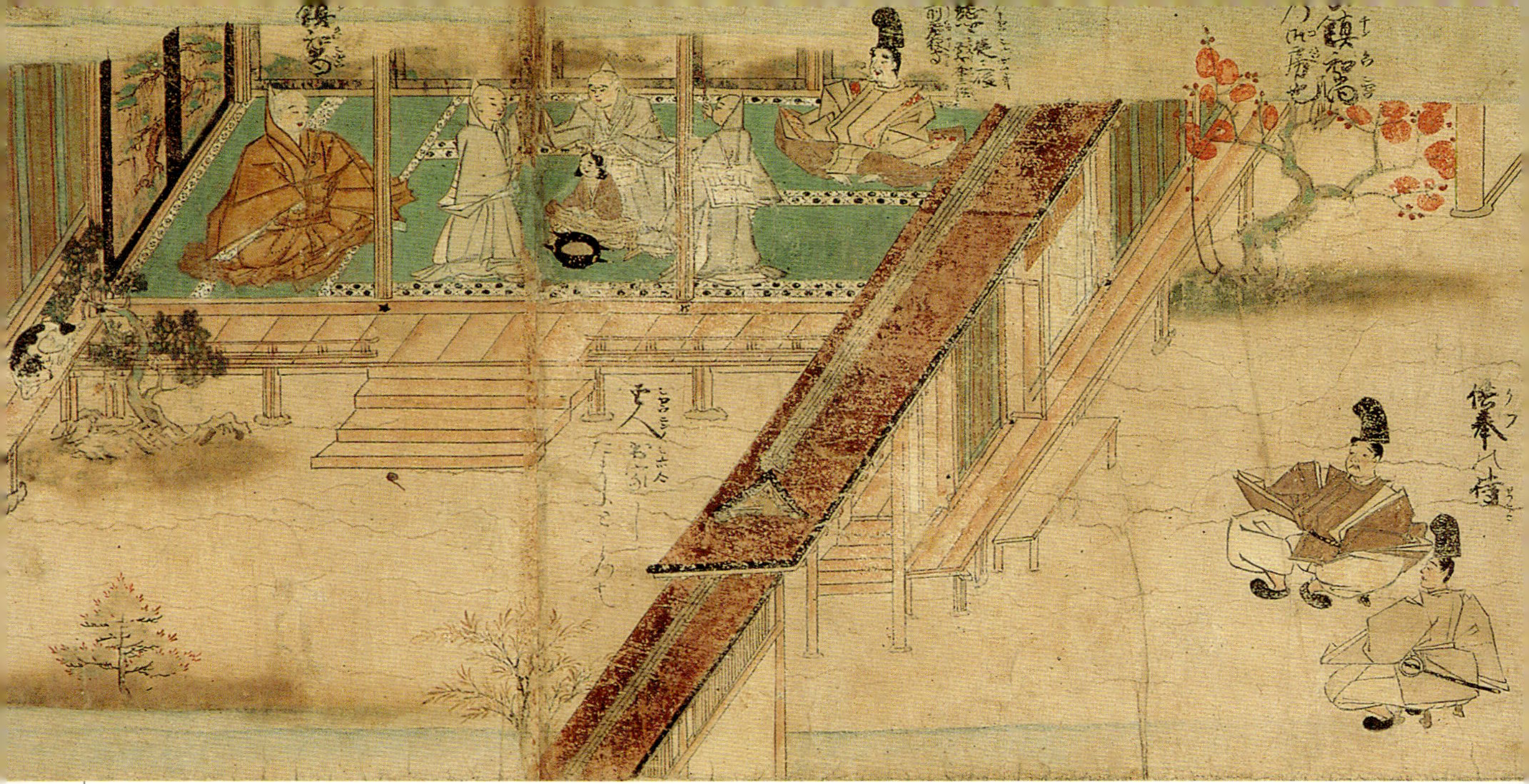

剃髪する親鸞。向かって左に慈円が、右に伯父の日野範綱が座っている。専修寺本は註記があるのが特色で、ここでも、「慈鎮和尚」「聖人出家したまふところ也」「範綱卿、従三位号六条三位、于時前若狭守」と書かれている。（専修寺本『親鸞聖人伝絵』より）

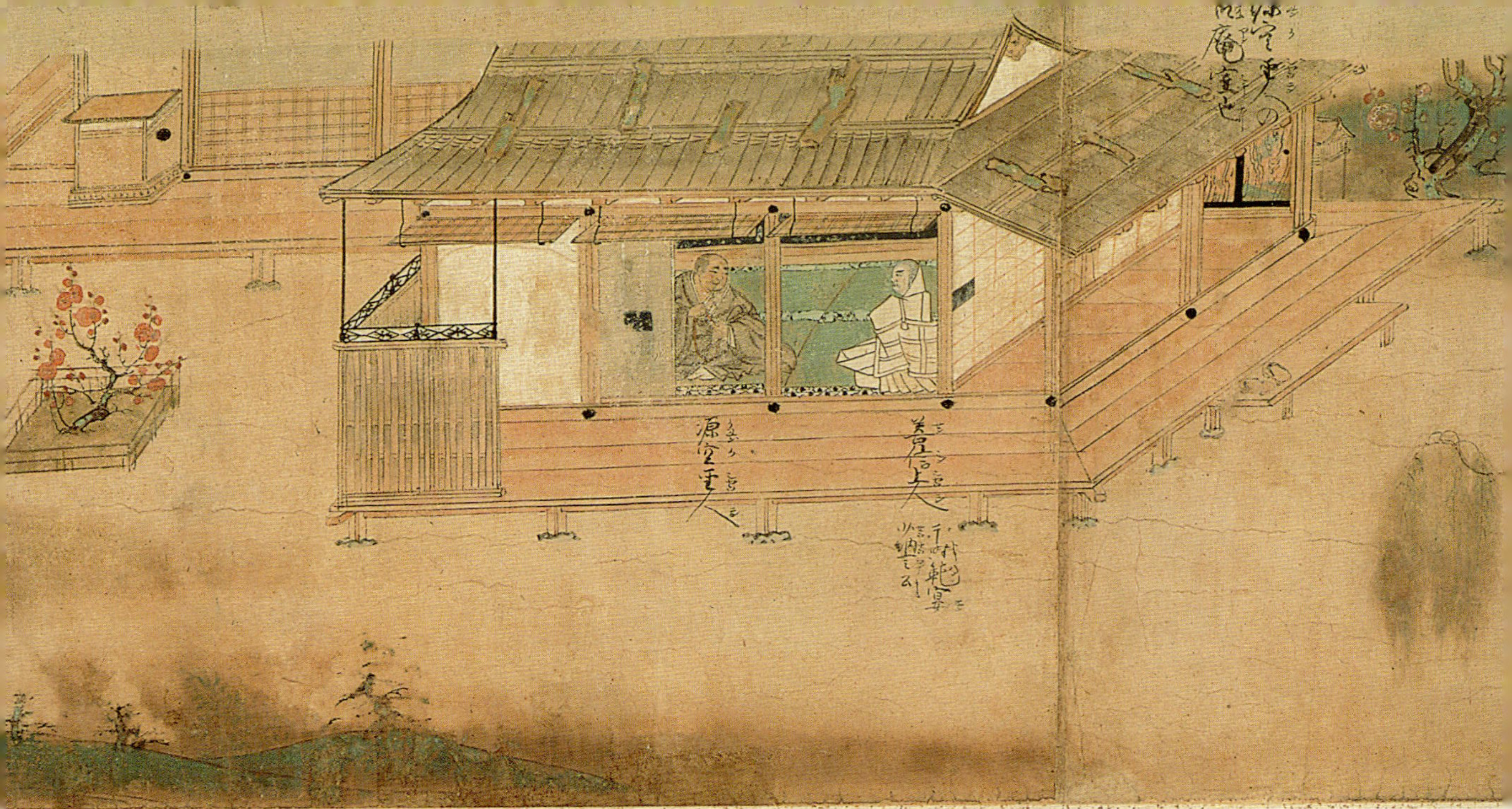

吉水に法然（源空聖人）を訪ね、対面する親鸞（善信上人、于時範宴少納言公）。本文中の本願寺史料研究所本（77ページ）では周囲にも人が描かれているが、専修寺本では二人だけの対面になっている。（専修寺本『親鸞聖人伝絵』より）

六角堂夢想の場面。中央に観音、その右に眠りながら観音の告命を聞く親鸞、さらにその右に建物の縁側で民衆に説法する親鸞が描かれているのは、81ページの専修寺本と同じだが、それ以外にも、宴会をする人など大勢の人物が描かれている。左手には猿回しが描かれているのが、他本に見られない特徴である。（仏光寺本『親鸞聖人伝絵』より）

信心争論の場面。火鉢を前に、法然（向こう）と親鸞（手前）が向かい合っている。97ページの専修寺本と同様に、法然と親鸞、他に数人の僧が争論している様子が描かれているが、仏光寺本では、さらにそのほかに、鼻をかむ僧、手水を使う僧、薪を割る人などが描かれているのが独特である。（仏光寺本『親鸞聖人伝絵』より）

親鸞再考

僧にあらず、俗にあらず

松尾剛次

Matsuo Kenji

1152

NHKBOOKS

NHK出版【刊】

©2010 Kenji Matsuo

Printed in Japan
［口絵デザイン］二井美好
［章扉デザイン］折原カズヒロ

◉
本書の無断複写（コピー）は、著作権法上の例外を除き、著作権侵害となります。

親鸞再考——僧にあらず、俗にあらず　**【目次】**

はじめに　7

第一章　親鸞像を読み直す　13
一　親鸞像をどう読み直すのか　14
従来の親鸞像　新たな親鸞伝へ　無視されてきた史料　親鸞伝の謎
『親鸞聖人正明伝』、『親鸞聖人御因縁』とは　親鸞伝を見直す手がかりとして
赦免後、親鸞はどこへ行ったのか
二　親鸞をめぐる世界　34
中世という時代　鎌倉新仏教とは　官僧・遁世僧

第二章　童子としての親鸞　43
親鸞の誕生　親鸞の母　親鸞の出家　官僧としての親鸞
慈円坊への入室　童子としての親鸞　男色の対象としての童子

第三章　延暦寺官僧としての親鸞　63
官僧親鸞　聖徳太子の夢告　神仏と出会う場としての夢
太子廟叡福寺　三つの夢告　慈円から法然へ　六角堂参籠
なぜ参籠したのか　親鸞の切実な思い　「親鸞夢記」をめぐって

第四章　法然門下としての親鸞　89
吉水の法然　信行両座テスト　信心争論　『選択本願念仏集』の書写
なぜ妻帯したのか　法然への絶対的帰依　玉日姫伝承の寺、西岸寺
遁世僧親鸞　親鸞への改名

第五章　越後配流と関東布教　113
恵信尼の出自　建永の法難　なぜ越後に配流されたのか
なぜ関東へ向かったのか　『正明伝』によると　小嶋郡司武弘の招き
『教行信証』の執筆をめぐって　法然の教えをどう引き受けるのか
一切経の校合　常陸稲田の位置　東方植民の最前線としての常陸

第六章　帰京後の親鸞　141
なぜ親鸞は帰京したのか　帰京後の親鸞　なぜ善鸞を義絶したのか
善鸞派遣の背景　忍性による戒律護持の活動　香取の海と忍性による布教
戒律重視の幕府　なぜ禁酒なのか　親鸞の妻について　親鸞の子どもについて
親鸞の死　悪人正機説は誰が唱えたのか　法然の説
親鸞の革新性――在家仏教の祖親鸞　親鸞の革新性――個人宗教の自覚

参考文献　185

おわりに　188

はじめに

私が小学生の頃だから、四五年以上前になるだろうか、盆や法事の度ごとに父や親類が称《とな》える「南無阿弥陀仏」の声を何度聞いたことだろう。その哀愁に満ちたもの悲しくも切ないリズムは、今も耳底に残っている。

金色に輝く阿弥陀仏や「南無阿弥陀仏」と書かれた掛け軸の前で何度も手を合わせ、その当時は意味もわからず、両親のまねをして「南無阿弥陀仏」と称えたものだ。とくに、私が驚かされたのは、父がお経を諳《そら》んじていて、朗々と導師のように称えていたことだ。今でも、お経を称える姿が亡き父の思い出としてよみがえってくることがある。あとでわかったのだが、父が諳んじていたのは、『正信偈《しょうしんげ》』とよばれるものだ。『正信偈』とは親鸞《しんらん》（一一七三～一二六二）の著書である『教行信証《きょうぎょうしんしょう》』の行巻の末尾に所収されている偈文《げぶん》のことで、浄土真宗教義の大要をまとめたものとされる。

我やさき、人やさき、今日ともしらず、明日ともしらず、遅れさきだつ人は、もとのしづく、末の露よりもしげしといへり。されば、朝《あした》には紅顔ありて夕《ゆうべ》には白骨となれる身なり

この蓮如《れんにょ》（一四一五〜九九）の「白骨の御文《おふみ》」もよく聞いたものだ。仏壇の前の机に置かれた黒い箱の中から僧侶が本を恭《うやうや》しく取りだして読み上げるのだが、それを聞くと子ども心にもなんとなく「死」を予感させられ、怖かった。

大学生となり、日本仏教史を研究するようになって、「南無阿弥陀仏」と称えることを念仏というとか、実家が浄土真宗大谷《おおたに》派の門徒であることなどがわかり、それ以後、開祖である親鸞に対する思いは特別なものになった。親鸞に対して、鎌倉新仏教のどの開祖よりも強い関心を持ち続けてきた。とくに、その謎に満ちた伝記には、強くひかれた。

「この人をみよ」という言葉がある。キリスト教で、イエスの生き方にならえ、という意味に解釈されている。鎌倉新仏教は創唱宗教（開祖が唱えたことを核とする宗教）といわれ、開祖への強烈な信仰、いわゆる祖師信仰によって成り立つ。この開祖の行状こそ、信者の生きる導きである。開祖の苦悩の彷徨《ほうこう》のさまこそ、信者にとって人生の導きなのだ。

とくに親鸞は、明治以来、浄土真宗一宗の単なる開祖というレベルを超えて、日本を代表する思想家、哲学者としても位置づけられている。「善人よりも悪人こそが救われる」といった「悪人正機説《あくにんしょうき》」などは教科書でも触れられ、入試の頻出問題の一つである。

それゆえ、親鸞の思想に関する研究の蓄積は厚い。しかし私は、親鸞が述べたことよりも、親鸞のなしたことのほうにより関心がある。換言するならば、親鸞の語った夢やスローガンではなく、親鸞が実際になしえたことを明らかにしたい。そのためにも、親鸞の足跡をできうるかぎり明らかにする必要があるだろう。これから、親鸞の謎を解き明かす旅に出よう。新たな史料などの読み込みを通じて親鸞の実像に迫ろう。

ところで、すでに触れたように、親鸞は、道元《どうげん》、日蓮《にちれん》らとともに、いわゆる鎌倉新仏教の代表的開祖の一人とされてきた。が、近年の研究によって、同時代、親鸞が貴族社会においても仏教界においても、ほとんど注目されていなかったことが明らかになってきた。いわばナザレのイエス・キリストが、当時の記録にまったく記されていないのと同様である。

実際、親鸞は、在世当時の貴族の日記などの記録にまったく見えず、明治時代には親鸞非実在説も出たくらいである。従来、歴史学で重視されてきたような、確実な教団外の史料はないといっていいほどである。そのことは、親鸞在世中において、いかに親鸞がマイナーな存在であったかを示している。

後に、親鸞の血を受け継ぐ蓮如によってその存在や思想が広められてはじめて、親鸞は優勢な教団の祖師となったのである。蓮如は、本願寺の第八世として室町時代に大活躍し、浄土真宗発展の基礎を築いたことで知られる。組織者としての蓮如の努力、とくに、親鸞の教えをわかりやすく説いたとされる「御文」などの有効な布教方式によって、親鸞の教団はメジャーな存在となり、親鸞はその教祖として尊崇を集めていったのである。平成二三（二〇一一）年には七五〇回遠忌法要が勤修《ごんしゅ》される予定である。

なお、本書でしばしば言及する本願寺とは、親鸞の廟所《びょうしょ》が発展して寺院となった寺である。本文で詳述するが、親鸞は弘長《こうちょう》二（一二六二）年、弟尋有《じんう》の住坊で死去している。東山の西麓に所在した延仁寺《えんにんじ》において荼毘《だび》に付され、東山大谷の地に葬られた。文永《ぶんえい》九（一二七二）年、門弟の総意によって、親鸞の娘覚信尼《かくしんに》が、再嫁した小野宮禅念《おののみやぜんねん》の私有地である吉水《よしみず》の北に改葬し、ここに六角形の草堂を建てて木彫の影像を安置したという。これが大谷本廟で、本願寺の起源である。大谷本廟は慶長《けいちょう》八（一六〇三）年、知恩院拡張のため東山五条に移された。覚信尼は禅念の死後、建治《けんじ》三（一二七七）年には廟堂の土地を寄附して門弟の共有とし、その管理人たる留守職《るすしき》となった。留守職は長子覚恵《かくえ》（一二三九～一三〇七）に譲られ、延慶《えんきょう》三（一三一〇）年に覚恵の長子覚如《かくによ》（一二七一〜一三五一）が第三代留守職となった。

大谷の地にあった本願寺は、蓮如の時代の寛正《かんしょう》六（一四六五）年に、比叡山延暦寺《ひえいざんえんりやくじ》によって堂舎が破壊されてしまった。その後、近江《おうみ》、山科《やましな》、石山などへ移転を繰り返すが、第一一世顕如《けんによ》（一五四三〜九二）の時代の天正《てんしょう》一九（一五九一）年に豊臣秀吉《とよとみひでよし》によって六条堀河の地を与えられ、ここに西本願寺（京都市下京区堀川通花屋町下ル）が始まった。また、本願寺勢力の隆盛を恐れ、分断をねらった徳川家康《とくがわいえやす》は、慶長七（一六〇二）年に顕如の長男教如《きょうによ》（一五五八〜一六一四）に烏丸《からすま》の地を与え、ここに東本願寺（京都市下京区烏丸通七条上ル）が始まったのである。もっとも、徳川時代以前から両本願寺は分裂しており、幕府がそれを追認したにすぎない、という説も有力である。

第一章
親鸞像を読み直す

一　親鸞像をどう読み直すのか

従来の親鸞像

ここではまず簡略に、これまでの通説的な親鸞像について紹介しておこう。

親鸞は、京都の中・下級貴族である、藤原氏の一族日野有範《ひのありのり》の子として、承安《じょうあん》三（一一七三）年に生まれた。九歳のときに慈円《じえん》（一一五五〜一二二五）を師として比叡山延暦寺で出家し、延暦寺の僧侶となり、天台宗《てんだいしゅう》の修行に励んだ。慈円は、関白藤原忠通《かんぱくふじわらただみち》の子どもで、九条兼実《くじょうかねざね》の弟にあたる。天台座主《てんだいざす》になること四度で、『愚管抄《ぐかんしょう》』で独自の史論を展開した、当代一流の人物である。

親鸞の延暦寺時代について唯一わかっているのは、「堂僧《どうそう》」をしていたことで、常行堂《じょうぎょうどう》などで詠唱念仏などを行なっていたと推測されている。これは、阿弥陀仏の周囲を回りながら、美しい節をつけた念仏を詠唱する行為である。

ところが、二九歳のときに比叡山を下り、悟りを求めて六角堂《ろっかくどう》（京都市中京区）に参籠した。その際に聖徳太子の夢告を受け、京都東山の吉水《よしみず》の法然《ほうねん》（一一三三〜一二一二）のもとへ行くこ

親鸞上人「安城の御影」（西本願寺蔵）

とを決意したという。

法然のもとで修行を積んでいた彼の運命を変える大事件が起こった。建永《けんえい》二（一二〇七）年二月の専《せん》修《じゆ》念仏《ねんぶつ》（念仏のみをもっぱら行ない、戒律護持などほかの修行を否定する考え）の停止である。

この事件は、法然の弟子の安《あん》楽《らく》・住蓮《じゆうれん》らが、後鳥羽上皇《ごとばじようこう》の留守中に上皇の女房らと密通したと疑われたことに端を発し、安楽・住蓮らは処刑され、法然・親鸞らも連座して配流《はいる》されたものである。親鸞は越後（新潟県）に流刑となった。建永の法難《ほうなん》、もしくは建永二年一〇月に承元と改元したので、承元の法難ともよばれている。親鸞は建暦《けんりゃく》元（一二一一）年には許されたが、その後、唯一の妻とされる恵信尼《えしんに》を連れて常陸《ひたち》（茨城県）稲田《いなだ》に移住し、そこで二〇年にわたって東国教化につとめ、親鸞独自の思想を深めたという。

その後、貞永《じょうえい》元（一二三二）年頃には京都に帰り、弘長二（一二六二）年に九〇歳で没するまで、『教行信証』などの著作の完成に励んだ。

以上が親鸞の略歴であるが、つぎに、彼の思想の独自性についてもみておこう。

親鸞といえば、「悪人正機説」を唱えたことで知られている。この悪人正機説というのは、悪人こそが阿弥陀仏の救いの主な対象だとする説である。もともと、阿弥陀仏が仏になる以前、法蔵菩《ほうぞうぼ》薩《さつ》として修行中に立てた四八願のうちの第一八願は、あらゆる人を救済の対象とし、善悪の差別はない。しかし、善人、つまり自力作善の人は、自己の能力で作善を行ない、それによって悟りを開こうとするので仏に全面的に頼る心が薄いのに対して、悪人は自己の力では悟りえず、仏の救済力に頼る以外に道はないので、悪人こそが阿弥陀仏の救いの対象となるという。

弟子唯円《ゆいえん》が、親鸞の教えの聞き書きをまとめた『歎異抄《たんにしょう》』には、「善人なおもて往生をとぐ、いわんや悪人をや」と述べられている。これにもとづき親鸞は、悪人も救われるのだから善人が救われるのはあたりまえだ、との一般通念に対し、善人でさえ救われるのだから悪人が救われないはずはないとの論を展開した、と理解されてきた。それゆえ、この悪人こそが救われるという論理が、親鸞仏教の精髄と考えられてきた。

また親鸞は、六角堂での夢告をふまえて僧侶が妻帯してもよいという考えを主張し、実際に恵信尼と結婚した点が注目されてきた。江戸時代以来、親鸞は、恵信尼以外に九条兼実の娘である玉日姫《たまひひめ》と結婚したとされてきたが、現在の通説では、妻は恵信尼一人とされている。

この僧侶の妻帯こそは、従来の僧侶集団内ではタブーであり、それゆえ革命的であった。なぜなら僧侶たちは、実際上は結婚することが例外ではなかったが、建て前としては、妻帯を公然と主張することは許されなかったからである。いわば、親鸞以前は破戒が一般的だったにせよ、戒律は厳として存在していたのである。

ところが親鸞は、僧侶でもなく、俗人でもないという「非僧非俗」を主張し、妻帯しつつ僧侶的な暮らしをした。つまり、戒律を否定したのであり、換言すれば、無戒を主張したといえる。この立場は、明治以後、結局は、ほとんどの宗派に受け入れられ、現在の日本仏教の特徴となっている。その意味で戒律軽視、在家仏教という日本仏教の特徴は、親鸞に始まると考えられている。

以上のような親鸞像は、異論のない点も多いが、伝記的な部分などではおおいに問題があると考えている。

新たな親鸞伝へ

親鸞伝といえば、赤松俊秀氏の『親鸞』に代表されるように汗牛充棟《かんぎゅうじゅうとう》たる研究の蓄積がある。読者の多くは、それでも新しい親鸞伝を描けるのかと疑問に思われるかもしれない。ここではまず、赤松『親鸞』を手がかりに、従来の親鸞伝の方法的な問題点を明らかにする作業を行なう。そこから、新たな親鸞伝に取りかかろう。

赤松氏の『親鸞』は戦後の親鸞伝研究の達成と評価され、これまでの親鸞伝は基本的にこれに依拠してきた。その叙述方法は、本願寺第三世を継いだ親鸞の曾孫にあたる覚如が制作した『親鸞聖人伝絵《しんらんしょうにんでんね》』（以後、『伝絵』と略す）を基本史料とし、「親鸞消息」や「恵信尼文書」などの確実な同時代史料によって『伝絵』を補足して親鸞伝を明らかにするというものである。

なお、「恵信尼文書」とは、大正一〇（一九二一）年に、西本願寺の宝庫から発見された親鸞の妻恵信尼の自筆書状一〇通（その数については異論がある）で、いずれも娘の覚信尼《かくしんに》に宛て

覚如（西本願寺蔵）

たものだ。

しかし、そうした赤松氏の方法にも大きな問題点がある。赤松『親鸞』が主な拠《よりどころ》とする『伝絵』が、覚如の、換言すれば本願寺派の主張にもとづいて作成された、本願寺派の伝承をまとめたものに過ぎない点である。

『伝絵』は、『本願寺聖人親鸞伝絵』とも『善信《ぜんしん》聖人親鸞伝絵』ともいう。親鸞曾孫の覚如が、親鸞の遺徳を讃仰《さんぎょう》するためにその生涯を数段にまとめて記述した詞書《ことばがき》と、それに対応する図絵からなる絵巻物として成立したものである。伝写される過程で図絵と詞書とが別々に分かれて流布するようになったので、図絵を「御絵伝《ごえでん》」、詞書のみを抄出《しょうしゅつ》したものを『御伝鈔《ごでんしょう》』とよぶようになった。

写本が何本も作成され、現存する写本のうち、重要文化財の指定を受けているものには、西本願寺本、東本願寺康永《こうえい》本、東本願寺弘願《ぐがん》本、津市高田専修寺《せんじゅじ》本などがある。それ以外にも、西念寺、報恩寺、照願寺、仏光寺《ぶっこうじ》をはじめとする多くの真宗寺院に伝わっている。

『伝絵』の初稿本と考えられるのは、親鸞三三回忌の翌年である永仁《えいにん》三（一二九五）年、覚如二六歳のときに著《あらわ》されたものとされている。覚如は晩年に至っても増訂を施し、諸方に伝写されたため、その過程で生じた異同、構成形態の変化などが見られる。

現行のものは上巻（八段）・下巻（七段）の二巻、計一五段からなる。上巻八段にはそれぞれ、（一）出家学道《しゅっけがくどう》、（二）吉水入室《にゅうしつ》、（三）六角夢《ろっかくむ》想《そう》、（四）蓮位夢《れんいむ》想《そう》、（五）選択付属《せんじゃくふぞく》、（六）信行両座《しんぎょうりょうざ》、（七）信心諍論《しんじんじょうろん》、（八）入西鑑察《にゅうさいかんざつ》の記事が、また下巻七段にはそれぞれ、（一）師資《しし》遷謫《せんたく》、（二）稲田《いなだ》興法《こうぼう》、（三）弁円済度《べんねんさいど》、（四）箱根《はこね》霊告《れいこく》、（五）熊野《くまの》霊告《れいこく》、（六）洛《らく》陽遷化《ようせんげ》、（七）廟堂創立《びょうどうそうりつ》の記事が掲載されている。

『伝絵』は、覚如が、父である覚恵（本願寺第二世）とともに、正応《しょうおう》三（一二九〇）年から二年かけて関東地方の親鸞旧跡をめぐって聞き取り調査などを行ない、それにもとづいて制作されたと考えられている。それをふまえ、永仁三年に『伝絵』の初稿本がなったのであり、それゆえ『伝絵』は、覚如を中心とする本願寺派の主張によって史料が取捨され、編集されたものといえる。

無視されてきた史料

ところが、注目すべきことに、本願寺派が優勢となる以前においては仏光寺派と高田専修寺派が優勢であり、それらにも独自な伝承がある。にもかかわらず、赤松『親鸞』では、それらは無視されるか、ほとんどが否定されてきた。

仏光寺派というのは、現在の京都市下京区にある仏光寺を中心とする浄土真宗の一派のことである。了源《りようげん》（一二九五～一三三六）が、元応《げんおう》二（一三二〇）年に山科の興正寺を東山渋谷に移して仏光寺とし、絵系図などをもちいる独自な布教で覚如時代は本願寺派よりも優勢であった。

専修寺派は、高田専修寺（現、三重県津市）を中心とする浄土真宗の一派である。専修寺はもとは栃木県真岡《もおか》市高田にあったが、寛正《かんしよう》六（一四六五）年に現在地の三重県津市一身田に移転し、江戸時代以降、もとの地である真岡市高田にも再建されている。

専修寺は、嘉禄《かろく》元（一二二五）年に真岡城主大内氏の懇願により親鸞が一光三尊仏を安置し、堂宇を建立したのが始まりという。専修寺は関東門徒の中心寺院としての地位を固め、嘉禄二（一二二六）年には後堀河《ごほりかわ》天皇から「専修阿弥陀寺」という勅願寺の綸旨《りんじ》を受けたほどであった。

高田専修寺には『親鸞聖人正明伝』（以後、『正明伝』と略す）、仏光寺には『親鸞聖人御因縁』などの伝承がそれぞれ伝わり、それにともない、本願寺派の図絵と異なる絵相をもつ『伝絵』が伝わっている。私は、それらの伝承を駆使して新たな親鸞伝を構築してみようと考える。

というのも、『正明伝』や『親鸞聖人御因縁』などの伝承には、かなり詳しく延暦寺時代の親鸞を明らかにできる記述があるからである。これまで『正明伝』や『親鸞聖人御因縁』といった史料が無視されてきたのは、それぞれの流派が自分こそが親鸞門流の正統であることを宣伝するために、布教の道具として作成した談義本だとされてきたからである。

しかし、赤松氏が最重要視する『伝絵』にしても、極端な言い方をすれば本願寺派の伝承にもとづく編纂物に過ぎない。いわば史料的な価値は、仏光寺派や高田専修寺派のそれと、ある意味では同じレベルなのである。

よって、たとえ伝承であっても、厳密な史料批判を行なったうえであれば、歴史史料として使ってもよいのではないだろうか。また、ほかに補強する論拠があるようであれば、おおいに使用するつもりである。

そもそも、七五〇年も前の人物、神話のベールに包まれた人物の伝記を明らかにする作業は、いわゆる確実な事実のみにもとづこうとすれば「らっきょうの皮むき」にも等しく、ほとんど実態に近づくことはできないのだ。

親鸞伝の謎

これまでの親鸞伝を見るならば、現在よく知られている親鸞像が、実は謎に満ちていることに気づくはずだ。その中できわめて重要な二つの事柄に注目してみよう。

まず第一に、親鸞は九歳のときに比叡山延暦寺に登って、二九歳で法然の門下に入るが、そのあいだの二〇年間については謎だらけである。赤松『親鸞』を見ると、「恵信尼文書」などによって「堂僧」であったことが知られるくらいであることは、先に述べた。

親鸞の延暦寺時代の記述については、高田専修寺派や仏光寺派に伝わる『正明伝』や『親鸞聖人御因縁』にとっても両派が正統であることを宣伝するためではないのであり、むしろ高田専修寺派や仏光寺派に伝わった伝承のほうが事実に近いとも考えられる。したがって、ほかに明確に否定する史料がないかぎり、それらを慎重に史料批判しつつ堂僧時代を描き直すつもりである。親鸞が法然のもとへと至る彷徨の過程こそ、親鸞理解の決定的に重要な鍵の一つでもあるからだ。

第二は、親鸞の妻帯をめぐる問題である。『正明伝』や『親鸞聖人御因縁』などでは、親鸞は九条兼実の娘、玉日姫と結婚したことになっている。この説は、戦国期には本願寺においても認められ、江戸時代には常識化していた。しかし、九条兼実の日記『玉葉《ぎょくよう》』に見えないことなどから、近代の親鸞研究では否定されている。

だが、『玉葉』に見えないからといって否定できるものではない。そもそも、親鸞自身が貴族の日記に見えず、それゆえ親鸞の実在を疑う説がかつてあったほどである。結局「恵信尼文書」などの発見により親鸞の実在が証明されたように、『玉葉』に見えないからといって、親鸞が九条兼実の娘の玉日姫と結婚したことを否定できる訳ではない。兼実の側室の娘であれば、必ずしも結婚の事実が日記に見えないこともあり得るであろう。本書では、この謎にも迫ってみたい。

以上にあげた二つの事柄は、『正明伝』や『親鸞聖人御因縁』といった史料を活用すれば、まったく違った像が描ける。そこでまず、『正明伝』と『親鸞聖人御因縁』がいかなる史料であるかについて、『真宗史料集成』第七巻「解題」に簡潔にまとめられているので、それによりつつ述べておこう。

『親鸞聖人正明伝』、『親鸞聖人御因縁』とは

まず、『正明伝』は「解題」によれば以下のようになる。

享保《きょうほう》一八（一七三三）年、江戸期の親鸞伝の一つである『高田正統伝』の著者五天良空《ごてんりょうくう》によって開板された書物である。四巻よりなるので『四巻伝』とも言われる。良空はその刊記において、著者は存覚（一二九〇～一三七三、覚如の子）であり、存覚から下野《しもつけ》国高田専修寺に贈られ、三〇〇余年間、見る人がほとんどいなかったので刊行することにしたとある。

本文の奥書には「文和元（一三五二）年壬辰十月二十八日草之畢、存覚老柄六十三歳」とあって、存覚の著書であるかのようになっているため、先啓了雅《せんけいりょうが》（一七一九～九七）は『浄土真宗聖教目録』で存覚の著作の中に加えている。だが、玄智《げんち》（一七三四～九四）は『非正統伝』で偽作と断じ、「余人ノ作ニシテ常楽ノ声誉ヲカリテ、世ニ行シメントスルモノカ、或ハ草記ノ類アリシヲ、良空縦ニ増修シテ印布シ、己カ新伝ノ輔翼トスルモノカ」と厳しく批判している。この玄智の評は現代までほぼ継承されていて、現在、『正明伝』を存覚の著作と考える学者はいない。

結局のところ、親鸞研究の大家である山田文昭氏がその著作『親鸞とその教団』中の「親鸞傳の研究資料」において、同書を「その文勢の上からいふも固より存覺のものでない。殊にその内容が暗に高田の正統なることを示さうとつとめて居る點から見ると、後世、恐らくは徳川期に入つてから高田派の學徒が存覺に托して偽撰したもの」としたのが定説と言える。ようするに、『正明伝』については、高田派を正統化するために存覚に仮託して偽作されたものと考えられている。

たしかに、その可能性は高そうだが、しかし、高田派の正統化とは関係ない話などは、『伝絵』が採用しなかった「事実」「伝承」にもとづいている可能性があると考えられよう。もちろん、ほかの明白な史料や第一次史料などによってその事実が否定されるのであれば、史料として使えない。だが、そうでない場合は、こういった史料を生かしていくべきだと考える。

他方、『親鸞聖人御因縁』は内容的に大きく三部に分かれ、第一部が親鸞因縁、第二部が真仏因縁、第三部が源海因縁とよべるような構成になっている。とくに注目されるのは、第一部が、親鸞と九条兼実の娘玉日姫との結婚についての因縁を説いている点である。

この『親鸞聖人御因縁』は、『伝絵』に時代的に先行するか、または『伝絵』とは別系統の説話と考えられており、その伝承者は、親鸞から真仏、源海へと相承していった荒木門徒で、荒木門徒は後に仏光寺派へと発展していったと想定されている。

こうして『正明伝』と『親鸞聖人御因縁』は、高田専修寺派、仏光寺派それぞれの派の正統化のための談義本として無視されてきたのである。

親鸞伝を見直す手がかりとして

近年、親鸞の伝記の見直しが行なわれつつある。その急先鋒として、佐々木正氏の著作『親鸞始記』がある。佐々木氏は、「記憶」と「記録」という概念を使って、記録の所産である覚如の『伝絵』よりも、記憶の深層からの所産である伝存覚作『正明伝』のほうが「真実」に近いと主張し、これまで重視されてきた覚如制作の『伝絵』よりも、『正明伝』のほうが史料的価値が高いとする。そして、『正明伝』にもとづく伝記を提示されている。

しかし、佐々木氏の説を批判的に読むならば、『正明伝』もまた記憶にもとづく記録であり、『伝絵』よりも『正明伝』のほうが、真実に近いといえるかどうかはおおいに疑問である。

けれども、『伝絵』を基本にしながら「恵信尼文書」などの史料を使って親鸞の伝記を描く、これまでの赤松『親鸞』のような手法に疑義を投げかけた点はおおいに評価できる。たしかに『伝絵』自体は覚如によって編纂された記録であり、覚如にとって不都合な事実などがことさら排除されていると考えられるからだ。
そこで私は、歴史学的な手法を使って『正明伝』の史料性に、まず迫りたいと考える。その一例として、親鸞が、赦免によって越後から上京したのではないかという話を取り上げる。

赦免後、親鸞はどこへ行ったのか

まず、『正明伝』をみてみよう。

建暦《けんりやく》二年壬申仲秋の中ごろ御上京あり。八月二十日あまりに、岡崎中納言範光朝臣《のりみつあそん》に就《つい》て勅免の御礼を申たまいける。御帰京の初には、直《ただち》に源空上人の墳墓に詣で丶、しばしば師弟芳契の薄《うすき》ことをなげき、参内の後には、月輪禅定の御墓ならびに玉日前の芒塚《ぼうちょ》にまいりたまいて、御誦経と紅涙とこもごもなり。印信《いんしん》も御供なりしが、玉日の御墓にては今更終焉のわかれのこ丶ちして、哀傷の涙に沈つ丶、其おりふしの事どもまで語出されたり。母公御いたわりのうちにも、亦今限《いまわ》の時に至ても、汝が父は科《とが》なき左遷となりて、北狄《ほくてき》の中に身を損たまうぞ。我身まかりなば、越後へ莵《と》申《もうし》やれ、北国へ角申《かくもうし》やれ、と仰られしものをと、口説《くどき》つゞけて、泣れければ、聖人も御涙に咽《むせび》たまえり、

〔訳〕

建暦二（一二一二）年八月の中頃、親鸞聖人が上京なされた。八月二〇日に岡崎中納言範光朝臣について勅免の御礼を申された。御帰京の初めには、すぐに源空（法然）上人の墳墓に詣でて、師弟の契りの薄かったことを歎き、参内されたあとには、月輪禅定（九条兼実）の御墓ならびに玉日姫の墓所に詣で、読経し、涙を流した。玉日姫との子である印信も御供したが、玉日姫の御墓では、（印信は）今更、臨終の別れの気持ちがして、哀傷の涙にむせびつつ、その歳の折節の事までも語り出された。母公（玉日姫）は、御病気のときにも、また、これで最後というときに至っても、おまえの父は科なくして左遷され、北狄の中で、苦労されている。私が死去したら越後へ申しつかわせ、北国へこのように申しつかわせと仰せられたものをと申して泣かれたので、親鸞聖人もむせび泣かれた。

常陸へ向かう親鸞（左）とその一行（専修寺本『親鸞聖人伝絵』）

『正明伝』ではいったん帰京し、その後、関東へ向かったことになっている。また、法然上人の墓と九条兼実の息女玉日姫の墓に参ったことも伝えている。さらに、玉日姫の墓参りのときには、玉日姫との子である印信（範意《はんい》）を伴っている。印信は、母である玉日姫が、親鸞が無実の罪で配流されたことや、玉日姫が死去したら越後へ連絡するようにと言っていたことを述べるなど、玉日姫の思い出を語り、親鸞も涙にむせんだというのだ。

ところが、従来は『伝絵』に依拠して、親鸞は、建永二（一二〇七）年、三五歳のときに起こった法難によって越後へ配流されたが、その五年後には許されて、配流先の越後から常陸に移ったとされてきた。

しかし、よく考えてみると、通常は京都から配流されれば、赦免した場合は、朝廷の責任で京都へ送り返すものだ。日蓮にしても、鎌倉から伊豆や佐渡へ配流されたが、赦免後は使者が来て鎌倉へ連れ戻されている。

当時の刑法手続きから判断すれば、親鸞は赦免によって越後から帰京したのではないか、たとえどこかへ行くにしても、その前にいったんは帰京したはずだと考えられる。

もちろん、『正明伝』の記述だけでは帰京したことが事実とは言いがたいが、注目すべきことに、室町時代前半期を下らない時期に制作された、仏光寺に伝わる『親鸞聖人伝絵』にも次のように書かれている。

聖人、越後国の国府に五年の居諸をへたまひてのち、建暦弐年正月廿一日勅免のあひた、おなしき八月廿一日、京都へかへりのほりたまひてのち、おなしき十月、華洛をいて、東関におもむきたまひけり、

〔訳〕

親鸞聖人が、越後の国府に五年の居住（配流）を経られて後、建暦二年正月二一日に

勅免のあいだ、同年八月二一日に京都へ帰りのぼられ、その後、同一〇月、京都を出て、関東へ赴きなさった。

とすれば、赦免後帰京したという話は、高田派のみならず仏光寺派にも伝わっていたことになり、しかも室町時代前半期まで遡《さかのぼ》る話ということになる。これに加えて、当時の赦免手続きに照らして蓋然性が高いのは、赦免後帰京したとする説であるから、『正明伝』の記述が『伝絵』よりも事実に近いのではないだろうか。

念のため『伝絵』の記事をあげておくと（以下、ことわりがないかぎり、西本願寺本より引用）、

聖人（親鸞）、越後国より常陸国に越て、笠間郡稲田郷と云所《いうところ》に隠居し給《たまう》、幽棲を占といへとも道俗跡をたつね、蓬戸を閇といゑとも貴賤衢《ちまた》に溢る、

とある。親鸞が越後国より常陸へ行き、笠間の稲田へ隠居し、ひっそりと暮らそうとしたが、僧侶やら俗人やらが訪ねてきて、戸を閉めていても貴賤の者が集まってきたとある。

だとすると、逆にいえば、なぜ『伝絵』は帰京の事実を隠そうとしたのかが問題となる。

その点は親鸞聖人の妻帯問題などと絡んでおり、あとで詳しく触れるが、ここでは、玉日姫との結婚の事実を無視しようとしたこととかかわる、くらいで止めておこう。

以上で明らかなように、『正明伝』にも『伝絵』より「事実」に近い話が載っている場合があると考えられる。

『親鸞聖人御因縁』に関しては、その成立が室町中期以前に遡り、『伝絵』とは別系統の伝承として注目されていることは先述した。とくに、親鸞の法然門下への帰入の直接的原因として、親鸞が建仁元（一二〇一）年に六角堂の参籠の際に得た夢告、いわゆる「女犯偈《にょぼんげ》」をあげており、『伝絵』よりもむしろ「恵信尼文書」に近い情報を伝えている。それゆえ、『親鸞聖人御因縁』を史料として見直すべきという見解もある（草野顕之「親鸞聖人伝再考」）。そうした指摘はおおいに説得力があり、従うべき見解である。

以上、これまで無視されてきた史料について述べてきたが、本書では、そうした史料を活用して新たな親鸞像を描いてみようと思う。

二　親鸞をめぐる世界

これから親鸞伝の見直しを行なうにあたって、親鸞登場の時代的背景や、親鸞仏教もその一つである鎌倉新仏教について少し述べておこう。というのも、親鸞が生きた時代状況、宗教状況について知らなければ、親鸞の活動の新しさを理解することは困難だからだ。親鸞が目前にしていた現実を知ることによって初めて親鸞仏教が生き生きと理解されるであろう。が、親鸞伝の見直しを読みたい読者は、この節はとばして、次章に読み進んでもかまわない。

中世という時代

親鸞が生きた時代は、中世とよばれる。中世はいつから、いつまでかという問題は難しい。それは、中世をどう見るかにかかわるからである。本書は、時代区分にこだわる必要はないので、ひとまず、政治史の区分に従って、平安時代末から江戸時代以前を中世とする。すなわち、便宜的に一二世紀末から一六世紀末が中世と考えておく。

ところで、中世は土地所有のありように注目するならば、荘園制社会であった。荘園とは、貴族・寺社らによる私有地のことである。古代においては、公地公民制と言われるように、原則として土地・人民は天皇の所有に帰し、私有は認められなかった。その例外が、荘園（庄園とも表記される）であった。荘とは別荘のことで、園とは果樹園を指し、本来、免税地で相続が可能であった。

このように、荘園制は例外的な存在であったが、一一世紀には、全国に広がり、一般化する。こうした私的所有の展開によって生産力は飛躍的に高まっていき、各地に、生産物を売買する場が生まれ、「都市」的な場となっていった。とくに、平安京と鎌倉は、親鸞時代における都市の代表であった。

そうした都市的な場には、貴族・武士のみならず、商人・職人・宗教家らも集まってくる。とくに、都市に集う人びとは、それまでの血縁・地縁関係とはまったく関係のない人がほとんどであった。すなわち、人びとの信仰する「神」もそれぞれ異なっていた。それゆえ、都市的な場においては、異なる「神」信仰を有する人びとが集い、一種の精神的な混乱状況が存在し、新興宗教が支持を集め、大発展を遂げる素地があったのだ。

もっとも、以上のような言い方をしても、一般読者にはわかりにくいかもしれない。そこで、少し乱暴だが、現代中国に喩《たと》えて説明してみよう。共産主義のもとで私的所有が否定されていた時代には、生産力は停滞していた。ところが、私的所有を認める「赤い資本主義」の時代になると、急速に生産力は高まり、経済格差が拡大しつつある。北京や上海といった都市には人口が集中し、経済はますます発展を遂げている。他方において、種々の新興宗教や既成の仏教などが急速に力を得つつある。まさに、こうした現代中国の状況は、荘園制が全面的に展開した日本の中世における状況とよく似ていると考えている。

鎌倉新仏教とは

ところで、親鸞仏教もその一つである鎌倉新仏教とは何かについても触れておこう。鎌倉新仏教とは何かについても、汗牛充棟たる研究がなされてきた。それゆえ、それを一言でまとめることは非常に難しい（詳しくは、拙著『鎌倉新仏教の成立』などを参照されたい）。

従来は、法然・親鸞・日蓮らを典型として、選択《せんじゃく》・専修《せんじゅ》・易行《いぎょう》という点が鎌倉新仏教の特徴とされてきた。すなわち、座禅や念仏など誰でもできる行《ぎょう》（易行）を選び取り（選択）、それをもっぱら修する（専修）ことである。さらに、それ以前の旧仏教は、民衆を顧みず、国家・貴族のための仏教であったが、鎌倉新仏教は民衆救済を目指したとする。

たとえば法然は、数ある仏の教えの中から、「南無阿弥陀仏」と口で称える口称《くしょう》念仏を選択し、それをもっぱら行なうことが、往生のための唯一絶対の行であるとした。口称念仏は、誰でもできる易《やさ》しい行である。そうした選択・専修・易行の三要素を基準とし、民衆救済活動を行なった教団の仏教が鎌倉新仏教と定義されてきた。その意味で、親鸞仏教は、鎌倉新仏教であると規定されてきた。

ただ、この規定だと、道元仏教は、座禅を選び取ってその専修を勧めたが、同時に戒律を重視したので、易行とは言いがたい。また、栄西《えいさい》の禅も、真言との併修であり、専修とは言いがたいという問題などがある。

さらに、奈良西大寺の叡尊《えいぞん》らを中心とする律宗教団は、一三〜一四世紀において、ハンセン病患者の救済など民衆救済において重要な活動を行なったにもかかわらず、難行とされる戒律護持を勧め、真言を兼修したので、旧仏教の改革派とされてきた。

ところが、一九七〇年代以降には、宗教勢力と世俗権力(とくに、朝廷や幕府)との関係を重視する研究(顕密《けんみつ》体制論とよばれる)が注目されるようになった。というのも、法然・親鸞・日蓮・道元らの仏教は、一五世紀になるまで末寺・信者・寺領の数量においてマイナーであって、旧仏教のほうがメジャーであった。とくに、その排他的な専修の立場から、法然・親鸞・日蓮らの教団は異端として弾圧を受けた。それらのことなどから、鎌倉新仏教とは、異端派のことで、他方、世俗権力に公認された、正統派や改革派が旧仏教（顕密仏教）、あるいは改革派とされた。この立場は、現在、通説的な立場といえるが、私は、多くの問題を有する説と考え、従ってはいない（拙著『鎌倉新仏教の成立』）。

問題点を一つだけあげるならば、思想のレベルで異端であっても、世俗権力が、その思想を異端とするかどうかは別の問題である。言い換えれば、世俗権力が異端として弾圧したということと、その思想が新しいか異端であるか否かはべつの話なのである。たとえば、天台宗の戒壇《かいだん》（戒律護持を誓う場）にしても、本来は、異端であったが、天皇によって公認され、正統とされた。このように、近年の説にも問題がある。そこで、私は、それらに代わる新たな鎌倉新仏教論を提起している。私見を次頁の表にまとめてみた。

官僧・遁世僧

すなわち、私自身は、鎌倉新仏教・旧仏教を以下のように考えている。中世の僧侶集団に注目した場合、官僧《かんそう》と遁世僧《とんぜそう》という二つのグループに区別でき、その特徴は、次頁の表のようになり、とくに、官僧が担った仏教が旧仏教、遁世僧の仏教こそが鎌倉新仏教である。

官僧とは官僚僧のことである。官僧は天皇から、俗人の官位・官職にあたる僧位・僧官を

	内容	特色
官僧仏教	官僧僧団（天皇から鎮護国家を祈る資格を認められた僧団）の仏教	鎮護国家の祈禱を第一義とする 女人救済・非人救済・葬送・勧進活動従事に制約をもつ 国家的得度・授戒制下（白衣ほか）にある 寺の総責任者は別当（座主、長者）という 在家の信者を構成員とする教団を形成しない 共同体宗教
遁世僧仏教	遁世僧僧団（法然、親鸞、日蓮、栄西、道元、一遍、明恵、叡尊、恵鎮ほかの遁世僧を各々中核として構成員を再生産するシステムを作り出した僧団）の仏教	「個人」救済を第一義とする 祖師信仰・女人救済・非人救済・葬式・勧進に従事 天皇とは無関係の独自な入門儀礼システム（黒衣ほか）の樹立 在家の信者を構成員とする教団を形成 寺の総責任者は長老という 個人宗教 中世仏教＝遁世僧仏教（中世仏教の新しさを典型的に示すという意味で） 布教対象：「個人」（都市民）

〈官僧・遁世僧体制モデル〉

与えられ、鎮護国家の祈禱を認められた僧のことである。鎮護国家の祈禱とは、国家、天皇の安泰・平穏を祈ることである。

官僧は、一種の公務員として、衣・食・住の面で保証され、罪の減免（死刑にあたる罪を犯しても、罪を一等減じて流罪にされるなど）を得るなどの特権をもっていた。

また、特権のみならず制約も有し、とくに、死穢《しえ》・産穢《さんえ》などの穢《けが》れ忌避の義務などを負っていた。この点は重要で、死穢にかかわる葬式などには従事するうえで制約があった。官僧は、「個人」の救済よりも、大和民族共同体、氏共同体などの救済を目指した。

他方、遁世僧は、私僧のことで、天皇とはひとまず無関係な教団の僧侶である。当初は、法然・親鸞らのように、いったん官僧となって、後に官僧身分を離脱（遁世とよばれた）した僧を中核（祖師）として教団が成立した。後には、一遍《いっぺん》のように官僧にならずに教団を形成する僧もいたが、彼らも遁世僧とよばれた。

遁世僧は、私僧であるために、官僧には制約があった種々の救済活動に従事できた。たとえば、もっとも穢れた存在とされたハンセン病患者の救済や死穢にかかわる葬送などである。こうした活動によって、遁世僧は、とくに都市的な場に集まり「個」の自覚をもった人びとを信者化していった。ようするに、遁世僧が担ったものこそ鎌倉新仏教なのである。親鸞も、遁世僧グループに入れているが、「本願寺系図」などには、延暦寺僧などを辞めて親鸞門流に入ることを「遁世」と表記されている。

ところで、一昔前は、親鸞の支持基盤論争が盛んであった。とくに、関東地方で親鸞の初期教団が展開したことから、農民が信者であったとする説が有力であった。しかし、あとに述べるように、親鸞の初期教団が展開したのは、霞ヶ浦一帯の、かつて「香取の海」とよばれた地帯であった。それゆえ、農民というよりも、交易などにも従事し、「個」の自覚を有した海民たちなどが信者ではなかったかと考えられている。

前々頁の表において、私が遁世僧仏教、すなわち鎌倉新仏教の布教対象を「個人」としたのも、そうした親鸞の信者の基盤論とも関係している。個人に括弧をつけたのは、近現代の個人と区別するためである。中世の「個人」意識と近現代の個人意識とは相違がないわけではない。しかし、中世においても、農村部から都市部に出てきた人びとは、現代人と似た、「個人」の自覚を感じたと考えている。

このように、親鸞の支持基盤に関しても、大きな視点の変化が起こっていることを述べたうえで、いよいよ親鸞伝に入ろう。

第二章

童子としての親鸞

親鸞の誕生

親鸞は、承安三（一一七三）年に生まれたことが明らかにされている。親鸞自身が書き著した『尊号真像銘文《そんごうしんぞうめいぶん》』の奥書に、「建長七歳乙卯六月二日　愚禿《ぐとく》親鸞〈八三歳〉」とあることなどから、承安三年に生まれたと考えられている。誕生日については、江戸中期以降、四月一日とされてきたが、はっきりしない。

しかし、出家以前の親鸞像についてわかっていることは数少ない。『伝絵』などの史料の記述がそっけないからである。『伝絵』には、以下のようにある。

夫聖人《それしょうにん》の俗姓《ぞくしょう》は藤原氏、大織冠《たいしょくかん》（中略）の後胤《こういん》、弼《ひつ》宰相有国《ありくに》卿五世の孫、皇太后宮大進《だいしん》有範《ありのり》息也、

この記事では親鸞は、藤原鎌足《かまたり》の一族である日野有国の五代目の孫であり、皇太后宮大進日野有範を父とするとされている。この点については、一時期疑問視されたこともあった。というのも、通常もっとも信頼度が高いとされる『尊卑分脈《そんぴぶんみゃく》』（内麿公孫）の「日野系図」

では、有範が有国の四世になっていて、親鸞の祖父であるはずの経尹《つねまさ》の名が見えず、五世という右の記述と辻褄《つじつま》が合わないからである。

しかし、あとで見つかった別本（『尊卑分脈』貞嗣卿孫）の「日野系図」には経尹の名が有範の父の位置に見え、その注記には「放埒人《ほうらつにん》」とある。放埒の人とは規範を逸脱した人のことであるが、経尹は何か問題を起こしたのであろう。それゆえ、『尊卑分脈』所収の「日野系図」から経尹の名が削除されたのではないかと考えられている。系図上からその存在を消されるほどの放埒とは、何をしたのか、今のところまったく手がかりはない。

藤原鎌足……（日野）有国……経尹
- 範綱
- 宗業
- 有範
  - 範宴（親鸞）
  - 尋有
  - 兼有
  - 有意
  - 業兼

皇太后とは、皇后が天皇の崩御後などに就《つ》く位であり、その家政機関を皇太后宮という。

大進は、その長官である大夫《だいぶ》、次官である亮《すけ》に次ぐ三番目の役職で、従《じゅ》六位上クラスの人物が任官する職であった。親鸞のことを「皇太后宮大進有範息也」と表記しているので、親鸞出家以前に有範は皇太后宮大進で、それが極官であったのだろう。

それから判断すると、日野氏は、藤原一門で、儒学と歌道をもって朝廷に仕えた貴族とはいえ、五位から三位未満が中級貴族とされるので、親鸞の父親である有範は下級貴族であったといえよう。

ところで、皇太后宮は常設の宮ではない。とすると、有範は誰に仕えていたのであろうか。親鸞は、承安三年に生まれ、治承《じしょう》五（一一八一）年に出家しており、それを考えると、承安二年二月一〇日に皇太后となった藤原忻子《きんし》（一一三四〜一二〇九）の可能性が高そうである。

藤原忻子は、久寿《きゅうじゅ》二（一一五五）年に宮廷に入り、後白河天皇の即位とともに女御《にょご》となり、保元《ほうげん》元（一一五六）年には中宮となったが、子女に恵まれなかった。それもあってか後宮の中では影響力は小さく、皇太后宮に仕える有範の出世への利点も小さかったと推測される。

親鸞の母

つぎに、人物がはっきりしないとされている親鸞の母親についてみてみよう。

釈親鸞聖人、姓は藤氏、大織冠鎌足の苗裔《びょうえい》、勘解由相公《かげゆのしょうこう》有国五代の孫、皇太后宮大進有範卿の嫡男なり。母は源氏、八幡太郎義家の孫女貴光女と申き。常に意を菩提の道に帰せり。一宵《あるよ》、浮世の無常を観じ、ひとり西首して臥《ふし》たまう。夜まさに半《なかば》ならんとするに霊夢あり。忽《たちまち》に光明あつて身をめぐること三帀《さんそう》、ついに口より入れり。貴光女おどろき、臥ながら光のきたる方所を見に、枕の西に一人あり。面容端厳にして、瓔珞《ようらく》のかざりあり。すなわち告てのたまわく、我は如意輪なり。汝に一男子を授べしと云云。貴光女是より有胎いませり。

承安三年夏のはじめ、誕生ましします。御名を十八公麿《じゅうはつこうまろ》ともうしき。

以上は『正明伝』からの引用で、『伝絵』にはない母親についてなどの情報がある。まず母を、源氏の出身で、義家の孫娘の貴光女《きこうめ》とする。また親鸞の幼名を十八公麿といったという。松の字を分け、阿弥陀の十八願にかけた十八公麿、つまり松麿という意味だという。

この説は、『伝絵』『口伝抄』『報恩講私記』『嘆徳文《たんどくもん》』などの親鸞の伝記に見えないことから、これまで無視されてきた。

たしかに、この説を確かめる同時代の一次史料などはなく、その真偽は不明としかいいようがないが、諸系図集の中で基本ともいえる『尊卑分脈』（貞嗣卿孫）によれば、親鸞の祖父経尹の妻が義家の孫宗清《むねきよ》の子だという。つまり、親鸞の父方の祖母が義家流の源氏につながっていた可能性があり、母も義家流の源氏系に何らかの関係があったのかもしれない。

また、母親の名前について吉光女とする伝承もあり、はっきりしない。だが、まったくの捏造とする史料もないし、吉光女と貴光女が同じ読みの可能性もあり、ここでは、ひとまず『正明伝』に従って貴光女としておこう。

以上からいえるのは、親鸞は承安三年に下級貴族の日野有範を父とし、源氏の出の可能性のある貴光女を母として生まれたことであろうか。母方が源氏の出であった可能性があることに、ここではとくに注目しておこう。

ところで、日野有範の子ということで、親鸞の生誕地は現在の法界寺、日野誕生院付近（京都市伏見区日野）とされている。しかし、夫が妻のところに通うのが普通で、妻方の祖父母が孫を育てるのが普通であった当時、親鸞も妻方の実家で誕生したとすべきであろう。

朝廷に仕て、霜雪《そうせち》をも戴、射山《やさん》に趍《わしり》て栄花をも発《ひらく》へかりし人なれとも、興法の因うちに萌《きざ》し、利生《りしよう》の縁ほかに催しによりて、九歳の春の比、阿伯《あはく》従三位範綱《のりつな》卿〈于時、従四位下前若狭守後白川上皇近臣也、上人養父〉、前大僧正〈慈円、法性寺殿御息月輪殿長兄、慈鎮和尚是也〉の貴房へ相具したてまつりて、鬢髪《びんぱつ》を剃除《ていじよ》せられき、範宴《はんえん》少納言公と号す、

〔訳〕

朝廷に仕えて、ひげや白髪を蓄え、院に参って栄華を誇るべき人であったが、仏法を興そうという因が心のうちに芽生え、他者を救おうという縁が起こったので、九歳の春の頃、養父従三位範綱（ときに従四位下前若狭守、後白河上皇の近臣、親鸞聖人の養父）が、前大僧正（慈円、藤原忠通の息子、九条兼実が長兄、慈鎮和尚）の坊へ相伴って行き、鬢髪を剃り、範宴少納言公と号した。

以上は、『伝絵』からの引用である。親鸞は、九歳であった治承五（一一八一）年に出家し

た。養父である伯父の日野範綱に付き添われ、慈円の白川房に入室し、範宴中納言公と名乗ったという。

本来であれば朝廷で出世する立場にあったが、他者救済の強い思いに駆られて出家することになった、と『伝絵』は伝えている。しかし、親鸞の家柄は下級貴族に過ぎず、後述するように、もう一つの世俗世界となっていた延暦寺において栄華をきわめるほどの大出世をするのは困難だったはずで、『伝絵』のその部分は文飾であろう。

この親鸞の出家をめぐっては、出家という重要な儀式であるにもかかわらず、「なぜ父有範に連れられてではないのか」が問題とされた。そのうえ、有範の子どもである親鸞の兄弟がすべて僧侶になっているが、こうした事態は異常であって、兄弟で誰か一人は出家しないのが普通である。それにもかかわらず親鸞の兄弟は全員が出家している。

そうした異常さを説明するために、親鸞の両親は早世したとする説もあった。『正明伝』では、親鸞が四歳のときに有範が死去したために、伯父である範綱が養父となり、母は親鸞が八歳のときに死去したとする。

この両親早世説が成り立てば、ことは簡単である。しかし、西本願寺に伝わる『無量寿《むりようじゆ》経《きよう》』（写本）の奥書には、有範の中陰《ちゆういん》（亡くなってから四九日間のこと）のあいだに親鸞兄弟によって書写されたとあるので、それによれば、親鸞兄弟の出家以後も父である有範が生きていたことになる。その奥書は偽造ではないかと疑う説もあったが、現在は、いちおう承認されている。とすれば、有範の早世説は成り立たなくなる。このように『正明伝』も別の有力な史料によって否定される場合があり、注意して使わねばならない。

この問題について、私は以下のように考えている。中世において、伯父などに優勢な人物がいれば、その助けを期待して養父になってもらうというのはよくあることである。とくに範綱が後白河上皇の近臣だとすれば、その力を借りたかったのであろう。

むしろ兄弟みなが出家したというのは、父である有範が、たとえば天皇の不興を被るといった何らかの事情があったためであろう。その事情とは、妻が源氏の出であり、有範の兄宗《むね》業《なり》が以仁王《もちひとおう》の学問の師であることから、前年に起きた以仁王の乱との関連で、謀反人の源氏との関係を疑われた可能性も考えられる。長男である親鸞が治承五年に出家したのは、そうしたことによるのであろう。当時は、以仁王が平氏に討たれた直後であり、きな臭い空気が全国を覆っていた。

ところで、有範の兄である宗業は、従三位、文章博士にまで出世した人物であるが、注目されるのは、親鸞が越後に配流された承元元（一二〇七）年に越後権介に任官している（『公卿補任』）ことである。近年、この事実が注目されているが、親鸞がなぜ越後に配流されたのかを考えるうえで重要だからである。これについては、あとでもう一度触れる。

官僧としての親鸞

比叡山での二〇年間におよぶ親鸞の暮らしについては、ほとんど何もわかっていない。前述のように、親鸞の妻である恵信尼が娘覚信尼に宛てた一〇通の手紙「恵信尼文書」の分析から、「堂僧」を務めたということがわかっているくらいである。この堂僧というのは、不《ふ》断念仏常行三昧堂《だんねんぶつじょうぎょうざんまいどう》の堂僧と考えられている（山田文昭『親鸞とその教団』）。師である慈円に仕えていたが、成人してからは堂僧として念仏を称える生活を送ったことになる。常行三昧堂とは、阿弥陀仏を本尊とし、般舟《はんじゅ》三昧経にもとづいて常行三昧を勤修する堂舎のことである。常行堂、阿弥陀三昧堂ともいい、平泉の中尊寺金色堂や京都三千院本堂などが有名である。

しかし、堂僧とは堂に所属する僧のことで、常行念仏堂の僧とは断定できない。たとえば、寛弘二（一〇〇五）年一〇月一九日に木幡浄妙寺《こはたじょうみょうじ》三昧堂で法華三昧を堂僧が行なっている（『小右記』、二―一三二頁）。しかも親鸞は、下級といえども日野氏という貴族の出であり、大出世はできないにせよ、二〇年のあいだに堂僧から僧位・僧官を有する僧として出世した可能性もありうる。

比叡山延暦寺僧時代の親鸞については、『正明伝』などは詳しい情報を伝えている。『正明伝』にも、先述した有範早世説のように、否定すべき記述もあるので、史料批判を厳密に行ないつつ『正明伝』を活用し、親鸞の延暦寺時代を見ておこう。

ここで忘れてはならないことは、当時の比叡山延暦寺の僧は、先述のように基本的に官僧(官僚僧)だったことである。すなわち、今でいえば国家公務員的な僧だったのだ。延暦寺僧は、天皇から官人の官位・官職にあたる僧位・僧官を授与され、身分・生活の保証を受ける一方で、鎮護国家の祈禱への従事・穢れ忌避などの義務を負っていた。

身分・生活の保証というと、衣・食・住がひとまず保証され、年貢・公事・兵役などの税が免除されていた。もっとも中世の延暦寺は、国家が衣・食・住を保証するというより、延暦寺の荘園という私有地からのあがりによって僧侶を食べさせていたが、そうした荘園は本来、国家から授与されたものが基本をなしていた。

鎮護国家の祈禱とは、天下泰平と玉体(天皇の体)安穏を祈禱することで、官僧たちは、鎮護国家の祈禱に従事する義務を負っていた。官僧たちは、天皇が主催する法要に参加するのを第一義としていたのである。穢れ忌避というのは、たとえば葬式に立ち会うなどして死体に同座すると、穢れに触れたとされ、三〇日間家に籠もって謹慎する禁忌《きんき》が科された。

現在、僧侶といえば葬式に従事するものと考えられがちであるが、古代・中世の基本的な僧侶であった官僧たちは、葬式に従事するのは憚《はばか》られたのである。以上のように、延暦寺僧となった親鸞も官僧としての特権と義務を負っていた点は忘れてはならない。

慈円坊への入室

親鸞は九歳のときに慈円の坊に入り、出家し、範宴《はんえん》と名乗った。そして『正明伝』では、同年に登壇受戒したことになっている。

同年叡峯によじのぼり、入壇して円頓菩薩《えんどんぼさつ》の大戒を受んとす。大衆さえぎりて云く、夫れ円頓の大戒は一得永不失の妙戒にして、上古よりこのかた伝伝相承の科科《しなじな》あり、十歳未満の人此戒場を践《ふむ》ことといまだ先蹤を聞ざるところなりと。和尚の仰にいわく、抑《そもそも》伝法受戒は其人の器を見るにあり。異国をば知ず。我山家大師よりこのかた、入壇の人に年齢の定式なし、其人其器にあたらば、何ぞ老若を撰べき。（中略）十歳末満の輩、登壇の例すくなからずと、権智房を以て大衆の中へ申されしかば、弟子を見こと師に如《しく》はな

慈円（狩野探幽筆「百人一首画帖」）

し、かゝる明匠の種子の我山に生ずるこそ、二葉の栴檀《せんだん》なれ、と喜て登壇受戒に障者《さわるもの》なかりけり。

〔訳〕

治承五（一一八一）年、比叡山に登り、延暦寺戒壇で、円頓菩薩の大戒を受けようとした。ところが、延暦寺大衆が阻止して次のように申した。それ円頓菩薩の大戒は、一度受ければ、その効力は永久に失われない妙なる戒であり、古代以来、順々に相承してきた。一〇歳未満の人でこの戒壇に登る人は先例を聞かないことである、と。慈円がおっしゃるには、そもそも伝法受戒は、その人の器量を見て行なう。異国のことはわからないが、我が伝教大師以来、入壇に年齢の定式はない。その人、その器にあたれば、どうして老若を選ぶ必要があろうか。（中略）一〇歳未満の輩の登壇の例も少なくはないと、権智房をもって大衆中に申されたので、弟子を見るにおいて師に勝る者はない、かかる優れた僧の種子が我が山に生まれたことこそ、二葉の栴檀であると喜び、登壇受戒に反対する者はいなかった。

すなわち、親鸞は、九歳で慈円のもとで出家したが、その年に延暦寺戒壇で受戒したという。九歳という若さによる登壇受戒には延暦寺大衆の反対があったが、器量が認められたために容認されたという。

この受戒というのは、釈迦が定めたという戒律の護持を誓う儀礼のことである。その受戒儀礼の行なわれる場を戒壇といい、場所が三壇の段状になっているので、戒を受けることを登壇という。出家の際の十戒の受戒と異なり、延暦寺戒壇での受戒では、延暦寺座主を伝戒師として、『梵網経《ぼんもうきょう》』下巻に説く五八戒（一〇の重要な戒と四八の補助的な戒）の護持を誓った。この延暦寺戒壇での受戒は、最澄《さいちょう》と弟子光定《こうじょう》らの努力によって弘仁《こうにん》一三（八二二）年六月に勅許され、翌年に受戒が開始された。

この受戒は重要な意味をもっていた。というのも、この受戒を受けて初めて一人前の延暦寺官僧（仏教的な呼称では比丘《びく》）と認定されるからである。受戒するまでは、半人前の扱い（仏教的な呼称では沙弥《しゃみ》）であった。

また、受戒後何年目であるかは、戒臈《かいろう》とよばれ、年齢とともに序列編成の際の基準となった。戒臈の多少によって、座席の位置の高下や出世の順序が決まったのである。たとえば、法要などで僧侶が招かれる際には座席が問題となるが、年齢が若くても戒臈が上であれば、上位の席に座ったのである。

それゆえ、九歳での登壇受戒などは例外中の例外で、皇族などが許されることがあったにせよ、親鸞のような下級貴族の出身者にできるわけがない。『正明伝』が九歳で登壇受戒したとする点は、まったく信頼できない。

当時の出家・登壇受戒の一般的なありようは、一五、六歳で剃髪し、延暦寺戒壇で受戒するのが普通である。一五、六歳で完全に髪を剃り、戒壇で『梵網経』下巻に説く五八戒の護持を誓って初めて、一人前の僧の仲間入りをしたのである。それ以前は、師僧のもとで童子として仏教を学ぶのが通例であった。

親鸞の場合も、登壇受戒以前は慈円の坊に入って童子としての生活を送ったはずである。

九歳で慈円の坊に入室し、童子となって仏教の勉強をし、一五、六歳で登壇受戒したのであろう。

童子としての親鸞

童子としての親鸞については、まったく史料がない。それゆえ、慈円のもとで修行に励んだとすませれば良いのであるが、親鸞は、

末法には、ただ名字の比丘のみあらん、この名字を世の眞寶とせん、福田なからんや。たとひ末法のなかに持戒あらば、すでにこれ怪異なり、市に虎あらんがごとし、これたれか信ずべきや。（『教行信証』化身土巻『真宗聖教全書』二、一七〇・一七一頁）

と、この世にはただ名前ばかりの比丘（僧）がいるだけで、持戒者は怪しい存在でしかなく、あたかも市場に虎がいるようで信じられない、と批判している。「市中の虎」とは、虎が市場にいるなどありえないことなので、「ありえないこと」の喩えである。

こうした批判は、延暦寺での体験がもとになっていると思われるので、少し見ておこう。

男色の対象としての童子

近年の研究によって、中世寺院における童子（稚児《ちご》ともいう）の実態が明らかになってきた。私も『破戒と男色の仏教史』で論じた。そうした研究によれば、当時の童子たちは中性的な存在で、髪を女性のように伸ばし、歯をお歯黒に染め、眉を抜いて八字に描くなど化粧をしていたという。服装も女性のようであった。

また、童子は、上から上童子・中童子・大童子の三階層に分かれ、上童子・中童子は中下級の貴族や武士身分がなり、大童子はそれ以下の百姓クラスがなった。上童子・中童子は、一五、六歳くらいになると剃髪して出家・登壇受戒して一人前の官僧になるか、平経正《つねまさ》のように武将として俗界へ戻った。が、大童子は成人後も童子姿のまま、童子であり続けた。それゆえ、大童子は童子といっても、子どもとはいえない点に注意が必要である。

童子は、師僧に仕え、仏教を学び、香華を仏・菩薩に捧げるばかりか、食事の際には師僧に陪膳《ばいぜん》し、歌を詠み、琵琶をひき、琴を奏した。夜には師僧と同衾《どうきん》し、師僧の性の相手ともなったのである。これは衝撃的な事柄であるが、「事実」であった。

拙著『破戒と男色の仏教史』で述べたように、東大寺の学僧として日本中世を代表する華

陪膳をする童子（『春日権現験記絵』）

師僧と同衾する童子（『春日権現験記絵』）

厳学の泰斗とされてきた宗性《そうしょう》にしても、三六歳にしてすでに九五人と男色関係にあったことを告白しているほどである。

藤原（西園寺）公衡《きんひら》が一族の協力を得て制作させ、延慶二（一三〇九）年三月に奈良の春日社に奉納された絵巻『春日権現験記絵』は、鎌倉時代の興福寺僧の暮らしなどをビジュアルに伝えるとされるが、一方で、中世の童子のありようがよくわかる絵巻でもある。

食事の際に陪膳をする童子（前頁上図）や師僧と同衾する童子（前頁下図）が描かれている。こうしたホモセクシュアルな関係が絵巻に表わされ、春日社に奉納されたように、男色は奇異なことではなく、官僧の「文化」となっていた。

従来から男色文化が花開いたところとして有名であった醍醐寺には、『稚児草子』が伝わっている。『稚児草子』は五人の稚児の美談を集めたものであり、醍醐寺僧たちも、そうした絵巻を見て楽しんでいたのであろう。

以上は、東大寺・興福寺・醍醐寺といった天台宗ではない寺院の話であったが、延暦寺もまた男色文化が全面開花した寺院であったことは周知のことである。たとえば、「稚児灌《かん》頂《じょう》」という儀礼が行なわれ、その際に、稚児は師僧に犯されて初めて稚児になることになっていたという。もちろん、それは、稚児（童子）を聖なる存在と見る、たとえば、観音の化身と見るということが背景にあるにしても、童子が師僧らの男色対象であったとはいえよう。それゆえ親鸞も、童子として慈円に仕えていたのであるとすれば、そうした状況下に置かれていたと考えられるのである。親鸞が慈円のことをまったく語らないのも、そうしたいまわしい過去があったからかもしれない。

第三章

延暦寺官僧としての親鸞

前章で論じたように、親鸞は九歳で青蓮院慈円《しょうれんいんじえん》に仕える童子（稚児）となった。その後はどうであろうか。以下、『正明伝』を随時引用しながら、知られざる親鸞の若き日々を見ていこう。

十歳、寿永元年慈円僧正勅命に由て山に登り、天下静謐の御祈禱の事あり。是は去年夏のころ、客星出て天変つねならず。木曾義仲《きそよしなか》北国に起て、謀叛のきこえ専《もつぱら》なるによりてなり。このとき少納言殿、僧正にともないて、叡南無動寺《むどうじ》の大乗院《だいじょういん》に登り、四教義を読始たまう。権少僧都竹林房静厳を句読の師とす。それより小止観三大部等を読習たまえり。或は山を下り、京洛にいましては、南都の碩学と聞えし覚運僧都なんどを招請して、唯識百法を学たまう。是僧都は法隆寺の西園院に住せる人なり。或時は日野民部太輔忠経を師として、俗典文章の稽古なんども侍《はべる》とぞ。

これによると、寿永元（一一八二）年、一〇歳で延暦寺の大乗院に登り、静厳を師として

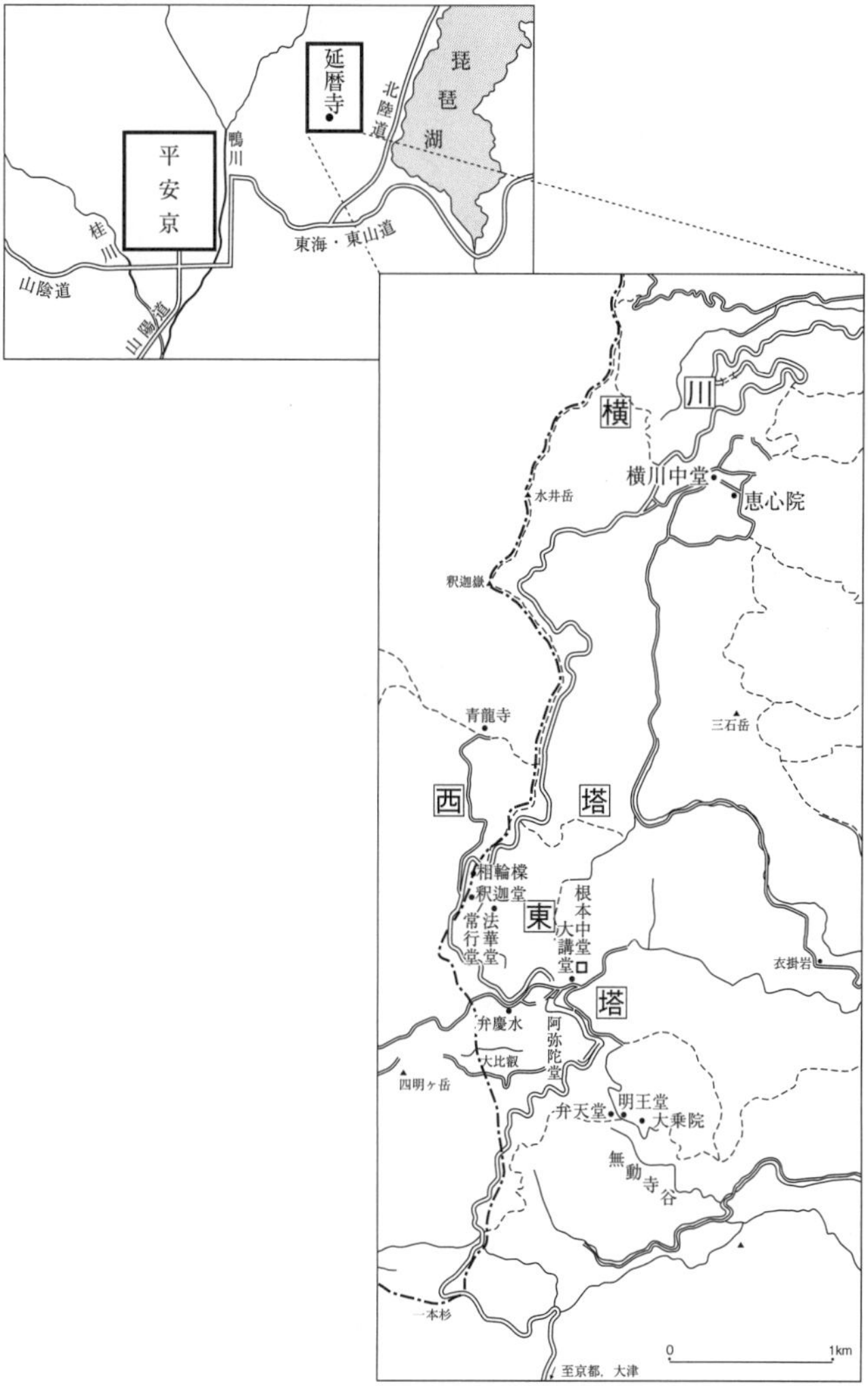

比叡山の３つのエリアと大乗院

『四教義』を読み始めたという。その他、天台宗の基本である小止観・三大部等を読み習ったともある。あるときには山を下り、京洛において、南都《なんと》の碩学として知られた覚運僧都などを招請して唯識百法を学び、またあるときには、日野忠経を師として儒学などの勉強もした。

ようするに、延暦寺僧が学ぶべき基本である天台教学のみならず、当時の仏教界で一方の雄であった奈良興福寺の基本教学である唯識も学び、官人として学ぶべき儒教も学んだというのである。親鸞は高僧を招けるだけの立場にはなかったと考えられるが、慈円の紹介で、そうした学僧のもとに出向いて学んだ可能性までは否定できないだろう。

ところで、親鸞は大乗院に登ったというが、この大乗院は、比叡山を構成する西塔、東塔、横川の三地区の一つ、東塔内の無動寺谷（前頁地図参照）にある。

さらに『正明伝』を見てみよう。

十五歳の春は、叡山にのぼり、毘盧舎那《びるしゃな》秘密《ひみつ》灌頂を受たまう。師範阿闍梨《あじゃり》は慈円和尚にてぞおわしける。亦毘沙門堂《びしゃもんどう》の明禅法印《みょうぜんほういん》は、是時一山にかくれなき密学の碩才《せきさい》なればとて、此人に従《したがい》て密法の秘奥を習たまいき。かくて相つゞき、三大部の御学問あり。亦、御室に岡慶尊《おかのけいそん》とて華厳《けごん》の明匠あり。是に従て華厳を学したまいき。斯慶尊は法橋慶雅の弟子なり。師の慶雅は源空上人壮年のとき、華厳の師範たる人なり。

文治三（一一八七）年、一五歳の春に延暦寺に登り、慈円を師として毘盧舎那秘密灌頂を受けたとある。また、真言密教や華厳といった仏教諸学を学んだという。

先述したように、当時は一五、六歳で一人前となり、戒壇で受戒するのが一般的であった。この記事が、実際に親鸞が受戒した時期を示すものかもしれない。延暦寺では、春の受戒（四月八日）と秋の受戒（一一月八日）の二度あり、親鸞は春の受戒を受けたのであろうか。

又十七八歳の時は、南都興福寺の碩才大僧都《だいそうず》光俊、空円律師《りつし》等にあい、法相三論の奥旨を学たまえり。

一七・八歳のときに、興福寺の碩才である大僧都光俊、空円律師らに会い、法相・三論の奥義を学んだとある。

建久二年辛亥〈十九歳〉七月中旬の末に、法隆寺へ参詣のよしを僧正へ申たまいしかば、許されやがて立越て、西園院覚運僧都の坊に七旬ばかりましまして、因明の御学問あり。幸の序《ついで》なりとて、九月十日あまりに河内国磯長《しなが》聖徳太子の霊廟へ御参詣ありてけり。十二日の夜より十五日に至まで、三日三夜こもりて、重重の御祈願あり。十四日の夜親《まのあたり》に霊告まします。御自筆記文曰

爰《ココニ》仏子範宴、思《ヒ》二入胎五松之夢《ヲ》一、常《ニ》仰《グ》二垂迹《ノ》利生《ヲ》一、今幸詣二御廟窟一、三日参籠懇念失《ワスル》レ己《レヲ》矣《レテ》。第二夜四更如《ク》レ夢《ノ》如《ク》レ幻《ノ》聖徳太子従《ヨリ》二廟内一自発《ミライライテ》二石扃《ケイヲ》一光明赫然而照二於窟中一。別《ニ》三満月在《イマシテ》現二金赤之相一、告勅言

我三尊化塵沙界　日域大乗相応地　諦聴諦聴我教令　汝命根応十余歳　命終即入清浄土　善信善信真菩薩

于時建久二年辛亥暮秋中旬第五日午時、記二前夜告令一畢、仏子範宴云云

斯霊告を得たまうといえども、ふかくつゝみて口外なかりき。唯その記文のみ御廟寺にあり。

範宴（親鸞）は、建久二（一一九一）年九月、聖徳太子御廟窟《びょうくつ》（叡福寺《えいふくじ》）に参詣した際、一二日から一五日の三日三夜のあいだ参籠した。第二夜に、聖徳太子が夢まぼろしのように現われ、「我が三尊は塵沙の界を化す、日域は大乗相応の地なり、諦聴・諦聴せよ（諦めて聴きなさい）、我が教令を、汝が命根《みようこん》は応《まさ》に十余歳なるべし、命終りて速やかに清浄土に入らん、善く信ぜよ、善く信ぜよ、真の菩薩を」というお告げをなされたという。

お告げを現代語に訳すと、「わが阿弥陀と観音、勢至《せいし》の三尊は、この塵のような悪世を救おうと全力を尽くしている。日本は真実の大乗仏教にふさわしい土地だ。耳をすまして私の教えをよく聞きなさい。お前の命は、あと一〇年余りしかないだろう。その命が終わるとき、お前は速やかに浄土へ入ってゆくであろう。お前は、今こそ本当の菩薩を深く信じなさい」となるだろうか。

余命は一〇年だが、死後は速やかに極楽に往生できるという夢告を聖徳太子から受けたのであり、親鸞は恐れおののき、それを書きとめたという。

この夢告については異論が多く、後世に親鸞に仮託して作成されたものとする説もあるが、近年ではひとまず承認されている。

また、「汝が命根は応に十余歳なるべし」を、余命一〇年ととるべきか、一九歳なので、もうまもなく死ぬととるべきかで異論がある。しかし、後者の場合だとすると「汝が命根まさにつきんとす」ぐらいの表現がなされるべきと考えられるので、ここでは余命一〇年と解釈する。

この夢告によると、親鸞は、死後、速やかに極楽往生ができるとはいえ、余命一〇年というお告げを受けたことになる。これこそ、一〇年後の二九歳において、親鸞が参籠した理由の一つだったと考えている。

神仏と出会う場としての夢

そもそも、近代合理主義にどっぷりと浸かった現代の我々にとって、夢とか夢告がもっていた規制力や重要性は、なかなか理解できないものがある。しかし、かつての夢告の力、規制力は絶大であった。

夢といえば、現代の我々は、「夢」「まぼろし」といった非実在の架空の物語をイメージする。しかし、かつては夢は神仏と出会う回路と考えられ、まさに「真実」と考えられていた。

とくに、古代・中世においては、夢は、神仏（をはじめとする超自然的な存在や世界）からのメッセージとして受け取られ、みずからの行動の指針や根拠とされていたのである。いわば、夢は神・仏の命令、判断を示すものとされた。

とくに注目すべきは、わざわざ夢を乞う儀礼を経て得られた夢がきわめて重要な意味をもったことである。その儀礼とは、斎戒《さいかい》（食事制限など）、沐浴《もくよく》、寺社への参籠などの手続きを内容としていたが、そういう儀礼を経て得られた夢は、戦争をするか否かとか、天皇の後継者を決めるなどのきわめて重要な選択の際にももちいられた。たとえば、崇神《すじん》天皇は夢占いによって後継天皇（垂仁《すいにん》天皇）を決めたのである。

それゆえ多くの人びとが人生の重要な画期に際し、寺社に精進《しょうじん》・潔斎《けっさい》して参籠し、夢告を乞うた。当然、そうした重要な夢が書きとめられることは多かった。宗教的な達人の多くが夢告の記録である夢記を遺したのである。明恵《みょうえ》の夢記は有名だが、親鸞もそうであった。

したがって、「親鸞夢記」を荒唐無稽なものとして馬鹿にし、無視することは許されないのである。それゆえ、赤松『親鸞』以後の成果といえる平松令三氏の『親鸞』などでは、史料として活用しようとされている。親鸞の書状などよりも、公的な性格が強く、神仏のメッセージ録として重要視されたがゆえに、記録されたのである。なお、ここで触れた古代・中世における夢のもつ力については、西郷信綱氏の研究（『古代人と夢』）などを参照されたい。

太子廟叡福寺

太子廟のある叡福寺は、現在の大阪府南河内郡太子町に所在する。叡福寺は、聖徳太子とその母穴穂《あなほ》部間人皇后《べのはしひとこうごう》、妃膳部《かしわでのほ》菩《き》岐《き》々美郎女《みのいらつめ》が合葬されている墓所という。磯長寺ともいう。

寺伝によれば、叡福寺は、聖徳太子の死後に推古天皇が土地と建物を寄付し、墓守りの住む堂を建てたのが始まりという。神亀《じんき》元（七二四）年に、聖武《しょうむ》天皇の発願《ほつがん》で東院・西院の二つの伽藍《がらん》を整備し、西院を叡福寺と称したという。

しかし、小野一之氏の研究（「聖徳太子墓の展開と叡福寺の成立」）によれば、一一世紀には太子墓の所在地すらはっきりしなくなっていたほどで、叡福寺の堂舎が整ったのは一三世紀だという。叡福寺への参詣記事で確実なのは、建久二（一一九一）年の慈円による参詣だという。慈円の歌集『拾玉集《しゅうぎょくしゅう》』には、「建久二年九月如法経かきて天王寺太子の御はかなとにまうてて（後略）」とある。そこから、建久二年九月に親鸞の師僧であった慈円が聖徳太子墓などに詣でたことがわかる。

とすれば、『正明伝』では親鸞が一人で詣でたようになっているが、事実は、慈円の弟子の一人として慈円に従って太子墓に参詣し、ついでに参籠したのであろう。この仮説が正しければ、一二世紀末には、聖徳太子墓に参籠できる施設が整備されていたことになる。

二〇歳からは修学期間になり、諸僧から仏教を学んだ。たとえば、唐招提寺の僧からは戒律を、東大寺の光円得業からは倶舎と律などを学び、同輩たちとは『往生要集《おうじょうようしゅう》』などを学んだという。

三つの夢告

とくに注目されるのは、『正明伝』で次のようになっていることである。

二十八歳十月、三七日のあいだ根本中堂《こんぽんちゅうどう》と山王七社《さんのうしちしゃ》とに毎日毎夜参詣し、丹誠の御祈あり。これ末代有縁の法と、真知識とを求《もとむる》との御祈誓なり。同冬、睿南無動寺大乗院に閉籠《とじこもり》て、密行を修せらる。是も三七日なりしが、結願の前夜、四更に及で、室中に異香薫じ、如意輪《にょいりん》観自在《かんじ》薩埵《ざいぼさつ》現来したまいて、汝所願まさに満足せんとす、我願も亦満足す、とある告を得て、歓喜の涙にむせびたまう。是によて明年正月より六角精舎へ一百日の日参をおもいたちたまえり。

ここには、正治《しょうじ》二（一二〇〇）年の一〇月に二一日間、根本中堂と山王七社に毎夜参詣し、心をこめて祈願したとある。その内容は、末法の世において親鸞にとって有縁の法は何であり、真の善知識を求めるとはどういうことかを問うものであったという。そして、その年の冬に叡南無動寺大乗院に参籠し、如意輪観音の示現《じげん》にあずかり、「おまえの願いは、満足するであろうし、私の所願も満足する」という託宣を受け、建仁《けんにん》元（一二〇一）年の六角堂参籠を思い立ったことになっている。

ところで、親鸞が受けた夢告は三つあったとされる。先述の磯長太子廟での夢告と、延暦寺大乗院での夢告と、六角堂での夢告である。従来は、親鸞が書き上げたこれら三つの夢告を連記したとする伝親鸞作の「三夢記《さんむき》」を偽作と断じつつも、六角堂での夢告は事実だが、磯長太子廟での夢告と延暦寺大乗院での夢告は疑わしいとしてきた。それは、六角堂での夢告は恵信尼文書によって論証できるが、ほかは論証できないからとする。

しかし、前述のように、磯長太子廟での夢告が事実であったとすれば、大乗院での夢告についても、否定するよりは、ひとまず認めて議論すべきであろう。

というのも、大乗院での夢告自体は、高田派など特定の一派とのかかわりのない話なので、ほかに明確に否定する史料がないかぎり、親鸞が無動寺大乗院に参籠し、六角堂参籠を思い立った可能性はあると考えるべきだからである。

ところで、この大乗院については、さほど注目されていないが、つぎのような注目すべき記録が残されている。

当坊は寛慶座主の住坊なり、（中略）、慈鎮《（慈円）》和尚の時、小堂を建立す、公家御祈願所となす、是すなわち後法性寺関白、檀那所として経営せらるる也、建久五年八月一六日、供養の儀を整える、

これは、一二世紀前半から一五世紀前半に至る約三〇〇年間の延暦寺青蓮院の記録を集大成した『門葉記《もんようき》』の記事である。大乗院は九条兼実が檀那（今でいう檀家・篤志家）で、彼によって慈円のときに建立されたことがわかっている（武覚超『比叡山諸堂史の研究』二三二頁）点に注目する必要がある。すなわち、大乗院は、慈円とも九条兼実ともおおいに関係のある院であった。それゆえ、建久五（一一九四）年の落慶供養《らっけいくよう》時以来、九条兼実は、慈円の弟子であった親鸞（当時は範宴という名であった）のことを知っていた可能性が考えられるのだ。

慈円から法然へ

親鸞は、建仁元年正月一〇日に大乗院で大誓願をおこし、二九歳のときに京都の六角堂に参籠して夢告を得、法然のもとに走ることになった。

この親鸞の法然門下帰入の問題は、親鸞の僧侶人生を理解するうえで決定的に重要なことがらであり、従来においても大きく取り上げられてきた。しかし、史料的な制約から、その理由や背景などほとんどわからず、経緯も不明とされてきた。

『伝絵』（第二段）には

建仁第一の暦春の比〈上人二十九歳〉、隠遁《いんとん》のこゝろさし（志）にひかれて、源空聖人の吉水の禅房に尋《たずね》参《まいり》給《たまい》き、

と記されている。建仁元（一二〇一）年隠遁の志にひかれて源空のもとを訪ね、帰入したことになっている。親鸞が延暦寺の官僧身分を捨てて法然門下となった理由も、「隠遁のこゝろざし」という抽象的な表現しかない。

法然をたずねて入門する（本願寺史料研究所本『親鸞聖人伝絵』）

まず問題となるのは、西本願寺本以外の『伝絵』で親鸞が法然に帰入した年を建仁三年とする点だが、それは覚如の改訂段階での間違いで、親鸞二九歳の年、つまり建仁元年だということが赤松氏らによって明らかにされている。私も、それに従う。

というのも、親鸞自身が、自著である『教行信証』の中で、法然への帰入の年を建仁元年のこととしているからである。

愚禿釋鸞《ぐとくしやくのらん》、建仁辛酉《（元）》の暦、雑行を棄てて本願に帰す

（「教行信証」後序『真宗聖教全書』二、二〇二頁）

これによると、親鸞は建仁元年辛酉《しんゆう》の年に雑行を捨てて、阿弥陀仏の本願の行である念仏に帰したという。それは、建仁元年に法然門下となったことを示している。親鸞は、法然帰入以前は戒律護持や法華経読誦などの諸行に励んでいたが、法然の門下に入り、雑行を捨てて念仏に帰するに至ったのである。

六角堂参籠

さらに、法然帰入という画期的な行動を決定づけた六角堂参籠については、多くの異論が出され、決着がついていない。というのも、「恵信尼文書」と『伝絵』とで記述が異なるからである。「恵信尼文書」の第三書状では、つぎのように記している。

やまをいでゝ、六かくだうに百日こもらせ給て、ごせをいのらせ給けるに、九十五日のあか月、しやうとくたいしのもんをむすびて、じげんにあづからせ給て候ければやがてそのあか月いでさせ給て、ごせのたすからんずるえんにあいまいらせんとたづねまいらせて、ほうねん上人にあいまいらせて

〔訳〕

延暦寺を出て、六角堂に百日お籠もりになって、後世《ごせ》を祈ると、九五日の暁に、聖徳太子が文書を結んで示現なされた。そのまま暁に六角堂を出て、後世の助かる縁に会おうと、法然を訪ねて、お会いになった。

以上のように「恵信尼文書」では、親鸞が六角堂での百日にわたる参籠を志し、九五日目に得た聖徳太子の夢告が、法然帰入の決定的な事件として取り上げられている。それゆえ従来は、六角堂参籠のあとで法然帰入が起こったと考えられてきた。

六角堂は、現在、京都市中京区堂之前町に所在する頂法寺《ちょうほうじ》の通称であり、聖徳太子が建立したという伝説の堂である。本堂が六角型であることから六角堂といい、三条通に面し、青蓮院からは近いところにある。青蓮院はもとは比叡山上に所在したが、平安時代末には山を下りて京都市中にあった。

親鸞が、六角堂を参籠の場になぜ選んだかということも謎だが、『正明伝』では、延暦寺大乗院での参籠を機に六角堂での参籠を決意したという。

はっきりした理由はわからないが、聖徳太子信仰を有する親鸞にとって、青蓮院からも近く太子ゆかりの参籠寺院であった六角堂は、参籠して夢告を受けるのに最適な場所であったのではないか。それは、つぎに述べる、参籠した理由にもかかわっている。

なぜ参籠したのか

ところで、この六角堂参籠と法然帰入問題で議論が分かれているのは、以下の理由による。そもそも『伝絵』では、親鸞の法然帰入のあとに六角堂に参籠したことになっており、そこでの夢告の内容も、以下に引用するように、いわゆる「女犯偈《にょぼんげ》」（妻帯を認めるもの）を一切衆《いっさいしゅ》生《じょう》に伝えるようにという内容であるからだ。

建仁三年〈癸亥〉四月五日夜寅時、聖人（親鸞）夢想告ましく〳〵き、彼記云、六角堂の救世《ぐぜ》菩薩、顔容端厳《たんごん》の聖僧《しょうそう》の形を示現して、白衲《しろきのう》の袈裟を着服せしめ、広大の白蓮華《びゃくれんげ》に端座して、善信《ぜんしん》（親鸞）に告命してのたまわく、行者宿報設《しゅうほうせち》女犯、我成玉女《ぎょくにょ》身被《ひ》犯《ぼん》、一生之間能荘厳、臨終引導生極楽文、救世菩薩善信に言、比是我《これはこれわが》誓願なり、善信比誓願の旨趣を宣説《せんぜい》して、一切群生《ぐんじょう》に聞しむべしと云々

六角堂にて救世菩薩より夢告をうける親鸞（中央）と建物の縁側で説法する親鸞（右）（専修寺本『親鸞聖人伝絵』）

〔訳〕

建仁三（一二〇三）年癸亥四月五日の夜、寅の時（午前四時頃）に、親鸞聖人に夢告があった。その夢記によれば、六角堂の救世菩薩が姿形が端正な中にも威厳がある様子で現われた。白衲の袈裟を着、広大な白蓮華に端座して、親鸞にお告げになった。すなわち「修行者が、たとえ避けられない報いによって、女犯を犯したとしても、私は玉のような女となって犯され、一生の間、よく荘厳し、臨終に際しては極楽へ導こう」と。救世菩薩が親鸞におっしゃるに曰く、「これは、私の誓願である。親鸞よ、この誓願の内容を広く説いて、一切の民衆に聞かせなさい」と。

『伝絵』で六角堂参籠が法然帰入のあとに配置されたことに関しては、覚如が、親鸞の法然への帰入年を建仁三年と誤解したことと関連するミスと考えられている。それゆえ『伝絵』からは、親鸞が法然に帰入した理由はわからないことになる。

私は、親鸞がなぜ六角堂に参籠したのかについては、先述した磯長太子廟（叡福寺）・大乗院・六角堂の「三夢記」を矛盾なく理解する必要があると考える。

まず注目されるのは、「恵信尼文書」の以下の記述である。「やまをいでゝ、六かくだうに百日こもらせ給て、ごせをいのらせ給ける」。恵信尼によれば、親鸞は「後世」を祈るために六角堂に籠もったというのである。

親鸞の切実な思い

とすれば、つぎに問題となるのは、なぜ親鸞は後世のことが気になったのかということである。親鸞は、延暦寺を下りて、六角堂に籠もるほど悩んでいたのであり、その思いは、一時的、一過性のものではなかったはずである。そこで、先に問題とした一九歳のときの、磯長叡福寺での夢告が注目される。親鸞は、一九歳のときに余命一〇年という夢告を受けていたのである。大乗院で夢告を受けようとしたのも、二九歳となり、タイムリミットが迫っていたからであろう。

死を意識した親鸞は切実な思いで、自己の「後世」のありようについて、言い換えれば、極楽往生ができるのか、往生するには誰を導師とすべきか悩んでいたのであろう。推測をたくましくすれば、そのことは同時に師慈円との決別を意味するので、おおいに悩んだのであろう。

それゆえ六角堂への参籠は、磯長叡福寺での聖徳太子の夢告にもとづき、みずからの後世を祈り、極楽往生のための善知識を求めるためであったと考える。

この六角堂参籠に関して『正明伝』には、次のようにある。

二十九歳、建仁元年辛酉正月十日辛酉のひ睿南の大乗院にかくれ大誓願を発し、京都六角の精舎如意輪観音に一百日の参籠あり。さしもけわしき赤山越を、毎日ゆきかえり、いかなる風雨にも怠なく、雪霜をもいとわせたまわず、誠にありがたき御懇情なり。是精誠しるしありて、計ざるに安居院《あぐい》聖覚法印《せいかくほういん》に逢て、源空上人の高徳を聞、わたりに船を得たるこゝろして、遂に吉水禅坊に尋参たまいけり。是もはら六角堂の観世音の利生方便のいたすところなり。

建仁辛酉範宴二十九歳三月十四日、吉水に尋参りたまう。

『正明伝』では、毎日、赤山を越えて六角堂へ通ったようになっている。この話にもとづいて、大乗院には、親鸞が留守のときに身代わりとなったという「そば食いの親鸞像」がある。また、安居院聖覚に会って、法然房源空のことを知ったとしている。

そうした点は、延暦寺から六角堂へは毎日通えそうにないとか、聖覚との関係もはっきりしないなど、今のところ不明確としか言いようがない。ただ、延暦寺大乗院ではなく、許可を得て粟田口《あわたぐち》の青蓮院にいたとすれば、毎日通えない距離でもない。

ようするに、六角堂への参籠は、親鸞が余命一〇年という叡福寺での夢告にもとづき、後世を祈り、極楽往生のための善知識を再び聖徳太子の夢告に求めるためであったと考える。

なお『正明伝』では、正治二（一二〇〇）年九月に師の慈円の作った恋の歌をめぐって事件が起こり、朝廷や院とつながる延暦寺官僧生活が真の仏道修行と乖離《かいり》していることに気づかされたために、延暦寺からの離脱を決意したことになっている。

そば食いの親鸞像（京都法住寺蔵）

これは、慈円が優れた恋の歌を作ったために朝廷から女犯の嫌疑をかけられたという出来事である。慈円が、歌の名手はたとえ経験していないことであっても歌にできると弁明したところ、今度は、朝廷から鷹狩りの歌を作れと命じられる。今度も秀歌を作り、親鸞を使者として朝廷に持たせたところ、ようやく慈円の疑いが晴れたという。

さらに後鳥羽上皇は、使者の親鸞が歌の名手の日野範綱《のりつな》の猶子（養子）であると知って歌を作るのを命じたところ、すばらしい歌を作ったので褒美を与えたともいう。そのときに親鸞は、比叡山にいると名利と権力争いに巻き込まれると悟り、比叡山を下りる決意をしたという。

こうしたことも、背景の一つにあったのかもしれないが、より信頼度が高い「恵信尼文書」に従っておこう。

「親鸞夢記」をめぐって

以上で、親鸞の六角堂での参籠の背景について明らかにしたが、つぎに問題となるのは、六角堂で受けた夢告の内容である。後世の極楽往生に関するものであったことは推測されるが、従来は、先述した「女犯偈」がそれだと考えられている。ここでは、そのもっとも古い史料とされている高田専修寺所蔵の「親鸞夢記」から引用しよう。

親鸞夢記にいはく

六角堂の救世大菩薩、顔容端政《けんようたんしょう》の僧形を示現して、白き納《のう》の御袈裟を服著せしめ、広大の白蓮に端座して、善信に告命《ごうみょう》してのたまはく

行者宿報《ぎょうじゃしゅうほう》にてたとひ女犯《にょぼん》すとも

われ玉女《ぎょくにょ》の身となりて犯せられむ
一生の間よく荘厳して
臨終に引導して極楽に生ぜしむ

近年の研究は、この「親鸞夢記」を否定するというよりは、内容を承認する研究が多い。それゆえ私も、ひとまず承認する立場に立っている。

しかしそうなると、「恵信尼文書」では聖徳太子が文書を結んで現われたのに、「親鸞夢記」では救世観音が現われたことになり、相違がある。また「恵信尼文書」では後世を祈ったはずなのに、夢告の内容は「女犯をしても、救世観音が女となって一生のあいだ荘厳し、臨終には極楽往生させせよう」という、いわゆる女犯偈であり、矛盾している。

これらの相違や矛盾を解いておこう。まず、聖徳太子か救世観音かという点であるが、聖徳太子は観音の化身と考えられ、とくに鎌倉時代においては、救世観音の化身と考えられていた（堅田修「聖徳太子観音化身説成立の背景」）。親鸞自身、『皇太子聖徳奉讃』の和讃（『三帖和讃』）の中で「救世観音大菩薩、聖徳皇ト示現シテ」と記したように、聖徳太子は救世観音の化身であって同体であると考えていた。それゆえ、恵信尼のいう聖徳太子と「親鸞夢記」

のいう救世観音とは同じと考えてよいであろう。

おそらく親鸞は、六角堂の本尊である救世観音と聖徳太子とは同体と考えていたので、恵信尼に「聖徳太子が示現した」と語ったのであろう。

また、「恵信尼文書」では後世を祈ったはずなのに、夢告は女犯偈であった点は、親鸞が、性の問題を典型とする破戒の問題で悩んでいたことによるのであろう。すなわち、結婚という僧侶として最悪の破戒を行なったとしても、極楽往生ができるという確信を得たのである。

第四章

法然門下としての親鸞

建仁元（一二〇一）年、二九歳のときに、親鸞は法然門下に帰入した。ここに、念仏者としての親鸞がスタートする。親鸞は、それ以後、法然の弟子として念仏僧となる。この法然への帰依は、親鸞の人生における最重要な画期の一つであった。

法然は親鸞に決定的な影響を与えたが、法然は寡作で、本格的な著作は『選択本願念仏集《せんちゃくほんがんねんぶつしゅう》』（一一九八年成立）しかなく、親鸞ら弟子たちが法然思想を一般的な仏教教理の中に位置づける役割を担った。後述するように、親鸞思想の代表とされてきた、悪人正機説さえも法然がすでに説いていたと考えられているように、親鸞は、法然思想を布教し、深化させる役割を担っていたのである。

吉水の法然

法然、正式には法然房源空は、浄土宗の開祖とされるが、彼のもとには親鸞以外にも、隆寛《りゅうかん》、証空《しょうくう》、長西《ちょうさい》、安楽房遵西《あんらくぼうじゅんさい》ほか数多くの優れた弟子が集まった。

たとえば安楽房遵西は、後鳥羽上皇の女房と関係をもったと疑われ、建永《けんえい》の法難《ほうなん》（一二〇七年）の原因を作ったとされる人物で、後に六条河原で斬首されている。安楽房は美声の持ち主で、六時礼讃に節をつけて歌うがごとく詠んだという。また能書家でもあり、法然が

法然（『法然上人絵伝』）

『選択本願念仏集』を撰述するにあたり、当初は執筆の任にあたったという。こうした有能な法然の弟子たちの一人に親鸞もいたのであり、後述するように、親鸞は法然の教えの優れた後継者の一人であった。

法然は、承安五（一一七五）年、四三歳のときに善導《ぜんどう》の『観無量寿経疏《かんむりょうじゅきょうしょ》』（略して『観経疏《かんぎょうしょ》』という）によって回心し、比叡山を下りて東山吉水《よしみず》に暮らしつつ、専修念仏の教えを広めた。

専修念仏というのは、もっぱら念仏すれば極楽往生できるという考えであり、死後に阿弥陀仏の浄土である極楽浄土への往生を求める浄土教思想の一つである。法然は、浄土教こそが仏教の中心教説だと主張し、念仏は阿弥陀仏によって選び取られたベストの方法だと主張した。法然以前にお

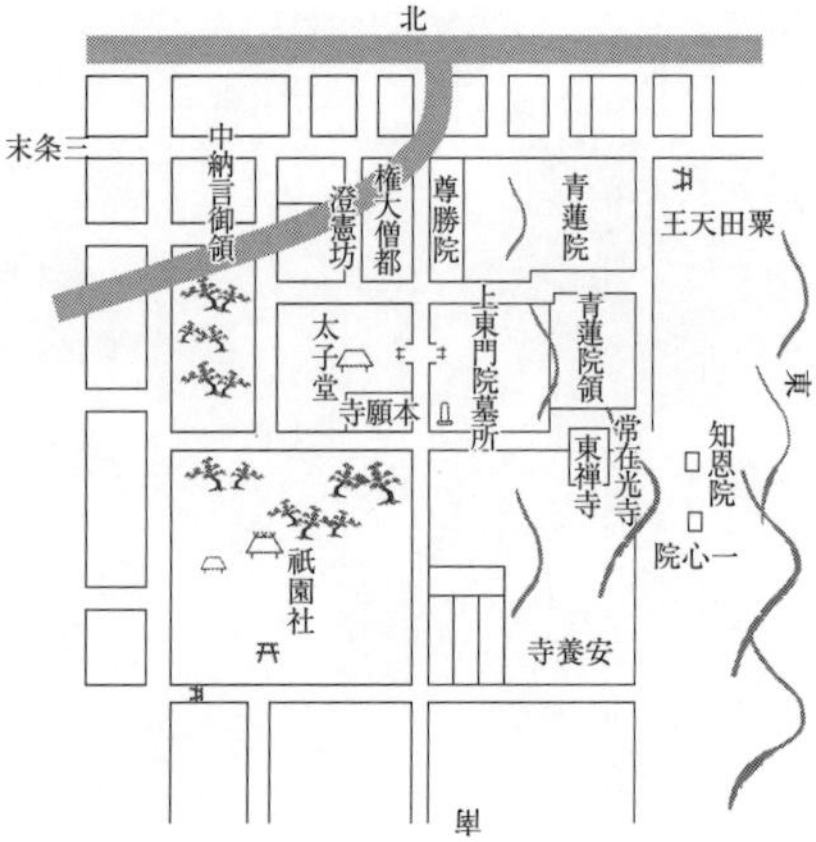

吉水周辺図（応永の頃の古図の写しより作成）

いて、念仏も座禅も『法華経』などを読むことも戒律護持も、すべて仏の教えにかなった良き行ないとされていたが、専修念仏の立場からすれば、念仏以外は価値の低い、換言すれば、しなくても良い行ないとされたのである。

ところで、法然が居をかまえた吉水というのは、どういうところだろうか。吉水というのは、現在の知恩院の地にあたる。知恩院は江戸時代に、ふもとにあった律宗の東山太子堂白毫寺《びゃくごうじ》を寺町へ移転させて寺地を拡張したため、現在の本堂のあるあたりは東山太子堂の敷地で、それより東の部分が知恩院の地であった。この地は慈円のいた粟田口青蓮院にも近く、また、坂本、大津方面からの平安京の東の入り口にあたり、まさに平安京の境界に位置していた。

前頁の地図は応永（一三九四〜一四二八）の頃のものといわれているが、応永以後にできた寺院も描かれており、中世末の知恩院の配置がわかる。先述した東山太子堂が本願寺を囲んでおり、太子堂の隆盛ぶりがわかる。

法然とその弟子たちの多くは、延暦寺の官僧出身者が多かった。彼らは官僧身分を捨てて遁世したために、自分たちで生活の糧をうる必要があり、平安京の人びとに布教して、布施を得なければならなかった。それゆえ、平安京とつかず離れずの地に住む必要があったのである。

信行両座テスト

親鸞の吉水時代のこととして、いわゆる「信行両座《しんぎょうりょうざ》」の話がある。これは、法然の教えについて、一念義と多念義に関してよく取り上げられる話であり、『伝絵』にも『正明伝』にも載っている。ここでは、『正門伝』を引用しよう。

或時善信源空上人に申たまわく、数多の御弟子達は、ともに一師の誨《おしえ》を受て、悉《ことごと》く往生不退を期するものなり。然ども、報土得生の信一味なりや、将異《はたい》なるやらん、明に知が

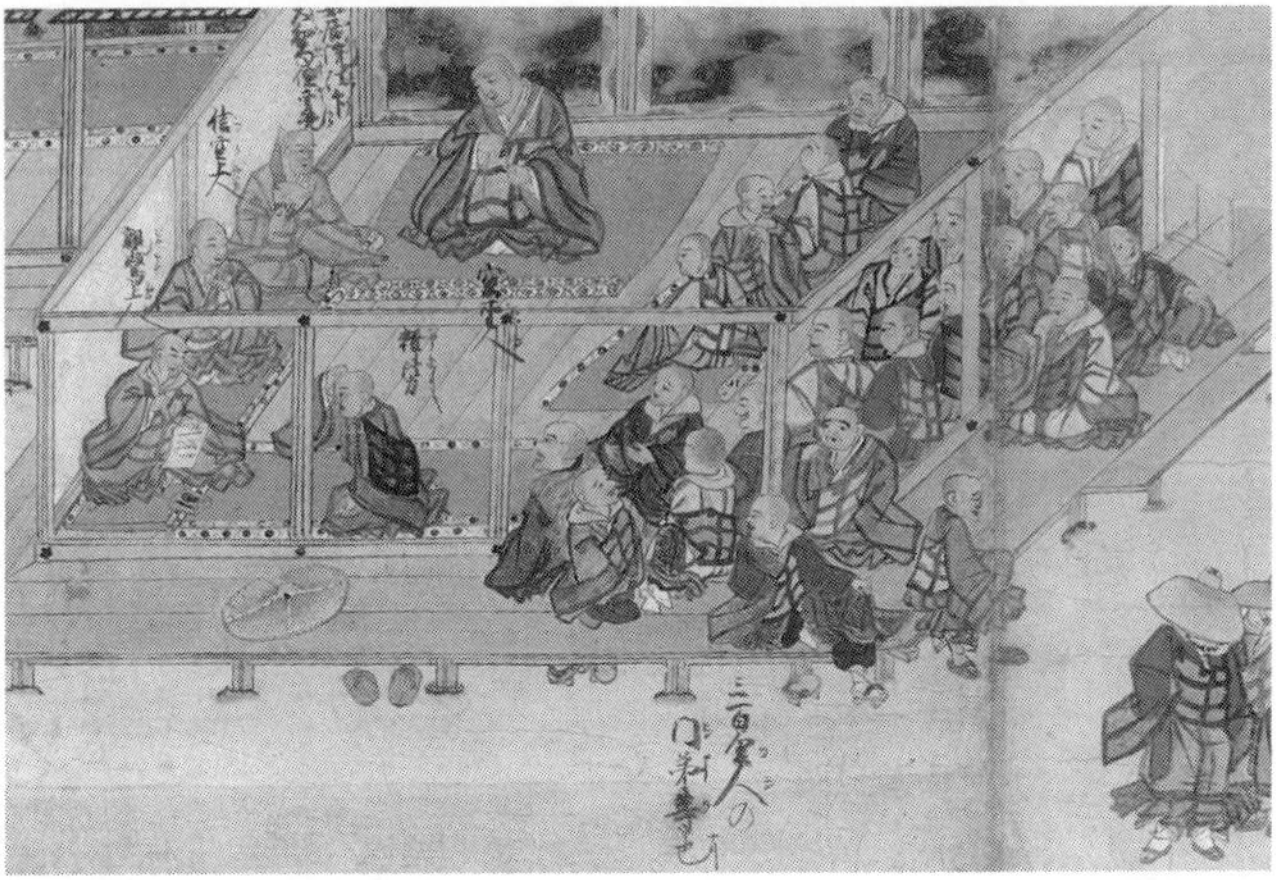

信不退・行不退の両座にわかれてすわる（専修寺本『親鸞聖人伝絵』）

たし。面面の信心のほどを試て、全一に決定せしめたまわば、且は当来同生のよろこび、且は生前朋友のむつび、これに過べからずと。上人宣《のたま》わく、誠に能《よく》も申されたり。すなわち明日人人集会のみぎり申出べしと。翌日門人集会のところに、執筆善信房申たまわく、今日の集会は、信不退《しんふたい》・行不退《ぎょうふたい》の両座を分て、人人の解会を試らるゝなり。何の座につきたまうべしと示さるべしと。こゝに三百有余の門人みな心得ざる気あり。時に大僧都《だいそうず》法印聖覚、法蓮房信空《ほうれんぼうしんくう》、法力房蓮生《れんしょう》等、信不退の座にまいるべしとて、其座につかれたり。此時数百人の輩、左右を顧て口を噤《つぐ》めり。人人無音のあいだ、善信も信座《しんのざ》に参べしとて、自名を書載たまう。

暫ありて、空上人仰られていわく源空も信の座に列べしと。其時数百の門人或は恥る人もあり、或は後悔の色を含めるもありき。

あるとき、親鸞が法然に次のように進言した。弟子たちに命じて、阿弥陀の本願に対する信心を重視する「信不退」の座と、称名念仏の行を重視する「行不退」の座のいずれかに座らせ、理解度をテストするようにと。これに対して、法然は翌日そのテストをすることにした。

その結果、安居院聖覚、法蓮房信空、法力房蓮生（熊谷《くまがい》入道《にゅうどう》直実《なおざね》のこと）、親鸞は「信不退」の座にすわったが、多くの弟子は「行不退」の座にすわったり、迷っていた。法然が「信不退」の座にすわったので、ある者は、親鸞らに敬意を表し、ある者は後悔したという。

この話は、ほかに実証する史料がないので、捏造説もないわけではない。たしかに、親鸞の進言で、なぜ多くの弟子の面子をつぶすかもしれないテストが行なわれたのかは疑問である。しかし、後に親鸞が書いた『教行信証』において、信の問題が非常に重要視されたように、法然の弟子たちのあいだでも、信と行、いずれをより重視するかが大きな問題となったことがあったのではなかろうか。その問題に決着をつけようと、親鸞の進言というよりは、法然門下で重要視されていた安居院聖覚や法蓮房信空らの進言で、「信行両座」のテストは行なわれたのではないだろうか。

『伝絵』ほかの親鸞伝は、とかく親鸞の法然門下での立場を高く評価し過ぎるきらいがあるが、この話もその一つであろう。

信心争論

信行両座のテストとも関連するのが、信心争論である。信心争論というのは、親鸞の信心と法然の信心とが同じか否かを、聖信房湛空《しょうしんぼうたんくう》、勢観房源智《せいかんぼうげんち》、念仏房ら宿老の法然門弟と争ったことがあったという。

親鸞は、信心は阿弥陀仏の他力のはからいであり、法然の信心と親鸞のそれは同じであると主張したのに対して、湛空らは恐れ多いと否定した。そこで法然に裁定を求めると、法然は、信心というのは阿弥陀仏の力によって起こるのであるから、法然の信心と親鸞ほかのそれとは同じだという判断を下したという。

この話は『歎異抄』にも見えるが、そうしたことがあったのかもしれない。いずれにせよ、法然の信心すらも、阿弥陀仏によるいわば「贈与」で、親鸞ほかのと同じだというわけであ

信心争論（専修寺本『親鸞聖人伝絵』）

り、自力を認めず、阿弥陀仏から与えられた他力の信心を重視する法然や親鸞の立場がよく表われている。

『選択本願念仏集』の書写

　法然は、建久九（一一九八）年に『選択本願念仏集』を著した。もっとも、現在の本のように著者が一人で全部書くといったものではなく、法然の考えを弟子が書き写すなど、法然と弟子による著作と考えられている。今はやりの言い方では、チーム法然の著作といえばわかりやすいか。実際、建永の法難で斬首された安楽房は能書家であったので、『選択本願念仏集』の書写をまかされていたことに触れたが、そのことを自慢したのではずされたという。

法然は、『選択本願念仏集』の内容の激しさをよく理解しており、弟子たちに、『選択本願念仏集』の存在を秘密にするように命じた。そうして、『選択本願念仏集』の末尾に「こいねがわくば、一たび高覧を経てのち、壁の底に埋みて、窓の前に遺すことなかれ」と記している。

だが、弟子の何人かには書写を許可した。

元久乙の丑のとし、恩恕をかうぶりて『選擇』を書しき、同じき年の初夏中旬第四日に、「選擇本願念佛集」の内題字、ならびに「南无阿彌陀佛往生之業念佛為本」と、「釋の綽空」の字と、空の眞筆をもてこれをかゝしめたまひき、同じき日、空の眞影まうしあづかりて、圖畫したてまつる。

（「教行信証」後序『真宗聖教全書』二、二〇二頁）

親鸞は、元久二（一二〇五）年、三三歳のときに『選択本願念仏集』の書写を許された。書写が完成すると、同年四月一四日に法然みずから「南無阿弥陀仏」「往生之業念仏為本」という標挙《ひょうこ》の文や、当時の親鸞の名である「釈綽空《しゃくくう》」と書いてくれた喜びを、主著『教行信証』の化身土《けしんど》巻《かん》に記している。また、法然の画像を描くことも許されている。こうして書写

書写を許される（専修寺本『親鸞聖人伝絵』）

を許されたり、法然の画像を描くことを許されたのは、一人前の弟子として認められたことを意味する。
この点は重要で、親鸞が、配流された弟子七人の一人であったことをも考え合わせると、法然教団の中で十指に入る弟子だったのだろう。

なぜ妻帯したのか

ここで注目されるのは、親鸞の法然への傾倒である。

又百か日、ふるにもてるにも、いかなるだい事にもまいりてありしに、たゞごせの事は、よき人にも、あしきにも、おなじやうに、しやうじいづべきみちをば、たゞ一すぢに、おほせられ候しを、うけ給はりさだめて候しかば、しやうにんの、わたらせ給はんところには、人はいかにも申せ、たとひあくだうにわたらせ給べしと申とも、せゝしやうじやうにも、まよひければこそありけめとまで思まいらするみなればと、やう〳〵に人の申候し時も、おほせ候しなり。

（「恵信尼文書」第三通）

法然のゆくところであれば悪道に落ちてもかまわないというほどの、親鸞の強烈な帰依ぶりである。こうした傾倒ぶりは『歎異抄』にも見られるので、間違いない。

とすると、親鸞の妻帯の問題にも新たな謎が浮上してくる。法然は厳しい戒を守った僧で、九条兼実へ戒を授ける戒師を務めるほどであった。それゆえ親鸞が妻帯したことは、一見そうした法然の態度と矛盾する。それゆえ、六角堂で女犯偈《にょぼんげ》の夢告を受けたとしても、法然の容認なくして妻帯できたとは考えがたいのである。

この点を考えるうえでも、『正明伝』はおおいに参考になる。

斯《かかる》に、同年十月上旬、月輪殿下兼実公、吉水禅坊に入御ありて、いつよりもこまやかに御法譚ましましけるに、殿下仰られていわく、御弟子あまたの中に、余はみな浄行智徳の僧侶にして、兼実ばかり在家にてはべり。聖の念仏と、我在家の念仏と、功徳につきて替目《かわりめ》やさぶろうやらんと。上人答て宣わく、出家在家ひとしくして、功徳に就て尠《すこし》も勝劣あること侍ずと。殿下宣わく、此条もとも不審にさぶろう。其故は女人にも近ず、不浄をも食せず。清僧の身にて申さん念仏は、定て功徳も尊かるべし。朝夕女境にむつれ、酒肉を食しながら申さんは、争《いかで》か功徳おとらざらん。上人答て宣わく、其義は聖道自力門に申ことなり。浄土門の趣は、弥陀は十方衆生とちかわせたまいて、持戒無戒の撰もなく、在家出家の隔なし。善導は一切善悪凡夫得生者、莫不皆乗阿弥陀仏、大願業力為増上縁也と決判したまえり。努努《ゆめゆめ》御疑あるべからずと云云。其時殿下また宣わく、仰のごとく差別あるまじくさぶらわば、御弟子の中に、一生不犯の僧を一人賜て、末代在家の輩、男女往生の亀鏡《きけい》に備わべらんと。上人聊《いささか》も痛たまわず、子細そうろうまじ、綽空今日より殿下の仰に従申るべしと。

少し引用が長くなった。ようするに、九条兼実が建仁元（一二〇一）年一〇月上旬にやってきて、自分のような俗人の立場の人間と、法然とその門下の戒律を護持する生活を送る清僧とでは、「南無阿弥陀仏」と称えても、極楽往生ができるか否かに差があるのではないかと述べたという。それに対して法然は、善導の「一切の善き凡夫、あるいは悪き凡夫も、往生できるのは、阿弥陀の仏の大誓願による」とその論拠を示しながら、阿弥陀仏の誓願には出家・在家の区別も、善人・悪人の区別もないと述べた。

すると九条兼実は、もしも相違がないというのであれば、弟子の一人を自分の娘（玉日《たまひ》姫《ひめ》）と結婚させて、その証拠を示してほしいと言った。

そこで、法然は親鸞に白羽の矢を立て、親鸞が玉日姫と結婚することになったという。法然が親鸞を選んだ理由は長くなるので史料の引用を省略したが、法然が、なぜか親鸞の受けた夢告である女犯偈を知っており、親鸞が結婚しても極楽往生できると知っていたからであったという。親鸞はいったんは固辞したが、法然の命とあって玉日姫との結婚を受けたという。

法然への絶対的帰依

繰り返しになるが、江戸時代には、この玉日姫との結婚は事実とされていたが、近代以降においては否定されている。その理由は、『玉葉』などの第一次史料に、玉日姫との結婚についてまったく見えないからとする。しかし、そのことは、玉日姫との結婚を確実に証明する史料がないというだけである。私見を結論的にいえば、九条兼実の娘との結婚は事実ではないかと考えている。

まず第一に、親鸞の公然たる結婚というきわめて革命的な行為を、親鸞一人の判断でできたとは考えがたい。法然門下として、法然の指示、言い換えれば「命令」があったとすれば容易に理解できる。

法然教団は、成立当初は、親鸞の絶対的帰依に示されるように法然のカリスマ性によって成り立っており、法然が親鸞に結婚を命じたとすれば、妻帯という革命的なこともできたであろうし、逆にいえば、法然の意向なくして妻帯などできるはずはないであろう。

第二に、これによって、先述したように『伝絵』などが、親鸞が配流地である越後から上京し、玉日姫の墓を詣でたという事実を隠そうとした点もよく理解できるようになる。親鸞は、配流を解かれたあと、京都へ戻り、正妻で、配流中に死亡した玉日姫の墓所にも詣でたのであろう。しかし、恵信尼系の覚如にとって、恵信尼以外の妻のことは無視したかったはずであり、そのために、帰京せずに直接に常陸稲田（茨城県笠間市）へ向かったという話を作ったのであろう。『伝絵』に覚如のフィルターが入っている点には、おおいに注意する必要がある。

ところで、一六世紀に制作された本願寺系図では、玉日姫との結婚は事実とされている。注目すべきことには、

範宴――範意（大弐　阿闍梨　遁世印信　寺　母後法性寺摂政太相国兼実女）

とあるように、親鸞と玉日姫とのあいだには印信（範意）という子があり、園城寺僧であったというのである。

従来の研究では、一六世紀に本願寺は、摂関家の一つである九条家と姻戚関係にあることをよしとし、系図を偽造してまで九条家との関係を強調したと考えている。しかし、そうであろうか。

玉日姫伝承の寺、西岸寺

そこで、京都伏見の西岸寺《さいがんじ》（現、京都市伏見区深草）を紹介してみたい。

西岸寺は浄土真宗本願寺派の寺であるが、玉日姫の墓所ともいわれ、種々の玉日姫伝承と玉日姫関連の遺物・史料を伝えている。

寺伝によれば、西岸寺は、もとは関白藤原忠通が建てたと伝えられている法性寺《ほっしょうじ》小御堂である。息子九条兼実がことのほかこの地を愛したので、花園御殿ともいわれたという。後白河法皇もしばしば訪れており、後に法皇の御製の和歌にちなんで「西岸寺」と号したとされている。

さらには、親鸞は九条兼実の娘玉日姫と結婚したが、建永二（一二〇七）年に越後に配流された。残された玉日姫は小御堂を守り、この地で亡くなった。その後、親鸞の弟子で、玉日姫に仕えていた有阿弥《ゆうあみ》（田村采女正光隆）が九条家より小御堂の寄進を受け、西岸寺を開き、玉日姫のお墓を守った、という。

京都西岸寺の玉日姫墓

玉日姫像（京都西岸寺蔵）

たびたびの火災などにより多くの寺宝がなくなったというが、残る寺宝のうち、第一九世龍田画像の裏に書かれた「住職次第」に注目したい。大きさは、縦約一六〇センチ、横約七二センチである。

この系図の外題には、「小御堂十有九世龍田画像」「□（釈）見□（龍カ）」とある。第二〇世見龍のところに「拙僧」という文字があることから、この系図と画像は見龍（文政《ぶんせい》三〈一

第一九世龍田画像と裏面の住職系図（京都西岸寺蔵）

八二〇〉年五月八日死去〉によって作成されたと考えられる。

系図には初代の有阿弥から第二〇世見龍まで、鎌倉時代半ばから江戸時代後半までの歴代住職の法名が書かれている。「住職次第」によれば、初代有阿弥は文永《ぶんえい》六（一二六九）年八月二二日、九三歳で没したという。これが正しければ、玉日姫伝承は文永六年頃、つまり一三世紀まで遡ることになる。従来は、先の一六世紀の本願寺系図までしか玉日姫の伝承は遡れなかったが、「住職次第」はまったくの捏造とは言いがたいものであるから、玉日姫伝承を、もう一度、再考すべきではないだろうか。

以上、親鸞の妻帯、とくに九条兼実娘との結婚は、法然の命令によるのではないかと考えてみた。先述のように九条兼実は、大乗院の供養会以来、慈円を通じて親鸞を知っていた可能性が高く、兼実の所望もあって、法然は親鸞に白羽の矢を立てたのかもしれない。

遁世僧親鸞

親鸞は、建仁元（一二〇一）年に法然の弟子となったが、注目されるのは名前を変えた点である。

本願寺八世の蓮如の子、実悟《じつご》（兼俊）撰の「日野一流系図」（一五四一年成立）では、親鸞について以下のように注記している。

範《山》宴　青蓮院慈鎮和尚弟子　出家九歳　天台宗碩学　養和元年戒師鎮和尚
廿九歳遁世　法然上人上足門弟　浄土宗嫡流相承　善信房綽空
依夢告　改親鸞

これによれば、慈鎮和尚慈円の弟子として延暦寺（系図では「山」と注記されている）の官僧となったが、そのときの名は範宴となっている。建仁元年、二九歳のときに法然門下となったが、名前を変え、善信房綽空《ぜんしんぼうしゃくくう》と名乗った。ところが、夢告を受けて、親鸞と名乗るようになったという。すなわち親鸞という名前は、法然門下となって善信房綽空と名乗っていたのを、夢告を受けて、善信房親鸞と改名したものなのである。

先述のように、親鸞は日野有範《ありのり》の子であった。それゆえ、父の名前の一字である範の字をとったのが官僧名の範宴であった。九条兼実の娘とのあいだに生まれた嫡男に範意とつけたのもうなずけよう。

親鸞は二九歳のときに、延暦寺の官僧身分を捨てて、法然門下に入る。そのことを先の系図では「遁世」と表記している。普通、出家して僧侶となることを「遁世」と表現するが、親鸞の場合は、延暦寺所属の官僧身分を離脱して、法然門下に入ることを「遁世」したと表現しているのである。実は、中世において、官僧身分を離脱し、再度、出家することは、「出家」とはいわず、しばしば「遁世」と表記された。

さらに、法然教団、禅宗教団、律宗教団などが成立すると、官僧を経ずに、そうした遁世した僧（遁世僧という）を中核とする教団の僧尼の一員になることも「遁世」と表現されるようになる。

その際には、更衣・改名などの入門儀礼が行なわれた。それゆえ親鸞は、範宴から善信房綽空と名乗りを変え、黒衣（墨染めの衣）を着たのである。ようするに、親鸞も遁世僧の一人であったのだ。この点は、従来、見過ごされてきたが、おおいに重要である。

というのも、先述したように官僧には、種々の特権とともに制約があったからである。とりわけ、官僧たちは、穢れ忌避にたいへん気を配っていた。延暦寺僧の事例であるが、病死した僧が、お堂の外に捨てられるという悲惨なことが現実に行なわれていたのである。興福寺や東大寺でも同様であった。

一方、法然門下は官僧身分から離脱した遁世僧であったので、そうした穢れなどの制約をものともせずに、種々の救済活動に邁進できた。なお、こうしたことについては、べつに詳しく論じた（拙著『山をおりた親鸞　都をすてた道元』）。

親鸞への改名

ところで、善信房というのは通称（房名）で、綽空というのが正式の名前、すなわち実名、諱《いみな》である。法然も法然房源空といい、法然は通称で、諱は源空である。綽空の空は、法然の諱である源空の空の字をもらったことになる。綽は浄土宗の五祖の一人である道綽《どうしゃく》（五六二～六四五）にちなむのであろう。

当時は名前に関するタブーがあって、改まった場では諱を使ったが、通常、同輩や目下の者が諱でよぶのを嫌い、通称である房名でよぶことになっていた。たとえば、綽空という諱は、法然とその弟子一九〇名が署名して出した元久元《げんきゅう》（一二〇四）年一一月七日付けの『七箇条制誡《せいかい》』の八七番目に「僧綽空」と見える。『七箇条制誡』は、法然が延暦寺に提出した一種の詫び状で、そうした正式の文書には実名を使った。

その後、夢告を受けて、綽空から親鸞と名前を変えている。

また、夢告によって、綽空の字を改めむ、同じき日、御筆をもって、名の字を書かしめたまひおはりぬ。

（「教行信証」後序『真宗聖教全書』二、二〇二頁）

先述したように、法然の真影（絵）を描くことを許可され、完成した真影に法然が「南無阿弥陀仏」ほかの署名をしてくれた元久二年閏《うるう》七月二九日からしばらくした頃か、今度は夢告を受けて名を親鸞としたという。また同日に、それを法然が認めて、親鸞と書いてくれたともある。

このように、範宴→善信房綽空→善信房親鸞と名を変えたのである。範宴は官僧時代の実名（諱）であり、善信房綽空、善信房親鸞は法然門下の遁世僧としての名である。それゆえ、勝手に変えることは許されず、法然の許可が必要であった。

次章では、いよいよ浄土真宗の祖師としての親鸞に注目しよう。

第五章

越後配流と関東布教

恵信尼の出自

親鸞の妻といえば、恵信《えしん》（心）尼《に》が有名である。大正一〇（一九二一）年に本願寺の書庫から見つかった恵信尼の手紙（「恵信尼文書」）によって親鸞の実在が証明されたほどで、本願寺派の覚如《かくにょ》は曾孫にあたる。その手紙から恵信尼は、一一八二年寅年生まれで、文永五（一二六八）年「八七歳」まで生存していたことは確かである。

親鸞の妻は恵信尼一人なのか、玉日姫も含めて二人なのか、それとも三人なのか異説があることは、先に述べた。また、恵信尼の出自についても、京都の貴族なのか、越後の豪族なのかで異説がある。

まず、恵信尼の出自について整理しておこう。

恵信尼の父は、三善為則《みよしためのり》（教）であると考えられている。先に触れた実悟《じつご》の「日野一流系図」によれば、小黒《おぐろ》女房・善鸞《ぜんらん》らの母を恵信尼とし、恵信尼の父を「兵部大輔三善為教」とする。この三善為教は、『玉葉』治承二（一一七八）年正月二七日条に以下のように出てくる三善為則と考えられている。

越後介正六位上平朝臣定俊　〈停従三位平朝臣盛子去年臨時給三善為則改任〉

これによれば、三善為則は治承元年に、平盛子が臨時に賜った越後介の任命権にもとづき盛子の推薦で越後介に任じられたが、翌年に改任され、平定俊が代わりに任命されている。

この三善為教は、越後の豪族とする説がかつては有力であったが、最近では中央貴族説が有力である。私も、赤松氏や井上慶隆氏（「恵信尼の父三善氏について」）ほかと同様に京都の貴族と考えている。それは、（1）三善氏の一族は越後介ほかの国司に任命されており、三善為教だけを地方豪族とする理由がないこと、（2）地方豪族が五位相当の兵部大輔に任じられるのは困難だが、中央官人であれば容易であること、（3）恵信尼書状から判断して、恵信尼は相当の教養をもっていたと考えられるが、中央貴族の出であれば容易に理

恵信尼像（龍谷大学蔵）

解できること、などの理由からである。

なお、先述の『玉葉』の記事から、三善為教を九条家の家司とする説もあるが、平清盛の娘で権勢をきわめた平盛子から越後介に推薦されており、平盛子の関係者であったとはいえるが、九条家との関係は不明というしかない。

ところで三善氏は、『拾遺往生伝《しゅういおうじょうでん》』や『後拾遺往生伝』の著者で、恵信尼の曾祖父にあたる三善為康《ためやす》（一〇四九～一一三九）が出るなど、浄土信仰が受容されていた可能性は高い。恵信尼も、そういう家庭環境のもとで法然門下となったようである。以上からすれば恵信尼は、京都で親鸞と結婚したことになる。

親鸞と恵信尼の結婚は謎に満ちている。

まず、いつ親鸞と出会ったのかということが問題となる。最近の研究では、法然のもとで恵信尼は親鸞と結婚したとする説があるが、真偽ははっきりしない。ただ、恵信尼が法然の門下の一人であった可能性はある。とくに「恵信尼文書」によれば、今井雅晴氏ほかが指摘するように、恵信尼が親鸞の法然門下時代を近くで見ていた可能性が高いからである（今井雅晴『親鸞の家族と門弟』）。

それゆえ私は、親鸞は法然門下にいた恵信尼と知り合い、京都で結婚するに至ったと推測する。いわば九条兼実の娘である玉日姫が正妻で、恵信尼は側室という関係であろう。

この恵信尼との結婚の背景にあったのは、つぎに述べる建永の法難であったと考えている。というのも、越後に配流されることになった親鸞にとって、九条兼実の娘を配流地に連れてゆくことは不可能であったが、家格も同じ三善氏の娘恵信尼であれば可能であり、この配流事件こそが、親鸞を恵信尼との結婚に踏み切らせる背景ではなかったか、と考えている。こうした親鸞の家族については、あとでまとめて述べよう。

建永の法難

親鸞の法然門下時代についてははっきりしないことも多いが、建永二（一二〇七）年に起こった建永の法難は一大画期であった。というのも、後鳥羽上皇によって専修念仏の停止と、法然の門弟四人が死罪、法然と親鸞ら中核的門弟七人が流罪に処された宗教弾圧事件であり、親鸞はこの法難によって越後へ配流されるに至ったからである。

法然は、平安京の間近に住んで浄土宗を開き、専修念仏と号して、ただ阿弥陀仏とだけ申すべきで、ほかの余行はしてはいけないということを言い出した。それは愚痴・無知（愚かで無知な）の尼入道に喜ばれ、おおいに世の中に繁盛したという。

後鳥羽上皇（『天子摂関御影』）

慈円の『愚管抄』は建永の法難の冒頭を以下のように描いている。建永の年、法然門下に安楽と住蓮《じゅうれん》という者がいて、六時礼讃を行ない、尼たちにたいへん人気があった。彼らは「念仏の行者であれば、極楽往生が保証されているので、女犯を行なおうと、魚鳥を食おうと、阿弥陀は少しも問題としないし、一向専修に入って、念仏ばかりを信じれば、きっと最後に迎えにこられる」と言った、と。

専修念仏というのは、往生のための最良の方法である「南無阿弥陀仏」と称えることさえすれば、極楽往生間違いなしとする立場である。行き過ぎると、戒律護持や座禅などを否定する傾向に走る者も出るため、当時大きな問題となっていた。

事件はつぎのように進んだ。

建永元（一二〇六）年、後鳥羽上皇が熊野神社参詣の留守中、上皇が寵愛する女房らが御所を密かに出て、「鹿ケ谷《ししがたに》草庵」で行なわれていた安楽房遵西と住蓮房らの念仏法会に参加した。江戸時代の伝承によれば、その女房は、松虫と鈴虫の二人という。他方、『愚管抄』では伊賀局と坊門局とする。いずれも後鳥羽上皇の寵愛を受けた女房であった。

翌建永二年二月、後鳥羽上皇は、女房らが法会に参加し、安楽房らと密通したのではないかと疑って憤怒し、専修念仏の停止を決定した。安楽房と住蓮房には死罪を言い渡し、その他、西意善綽房と性願房の二名も死罪に処せられた。

さらに同月二八日には上皇は、法然ならびに親鸞を含む七名の弟子を流罪に処した。法然は、土佐国（現、高知県）へ、親鸞は越後国府（現、新潟県上越市）へ配流された。このとき、法然・親鸞らは僧籍を剝奪され、法然は藤井元彦、親鸞は藤井善信という俗名を与えられた。

しかし法然は土佐まで赴くことなく、九条兼実の庇護により讃岐国（現、香川県）に配流先が変更された。その後、法然に対して赦免の宣旨が下ったが、帰京を許されず、摂津の勝尾寺（大阪府）に滞在することになった。建暦元（一二一一）年一一月、親鸞に赦免の宣旨が下った。法然にも同じ一一月に入京の許可が下ったが、帰京して二か月後の建暦二年正月二五日に死去した。

なぜ越後に配流されたのか

親鸞は、越後国府に配流された。現在の上越市である。前項でも触れたように、親鸞は恵信尼を連れて配流地に向かったようである。

現在の感覚からすると、妻を連れて配流地に向かうといえば奇異に思える。しかし、平松令三氏が明らかにされたように、当時の法手続きからすれば誠に普通のことであった。「獄令《ごくりょう》」の第一一条では、次のように定められている。

凡《おおよ》そ流人《るにん》科断《かだん》すること已に定まらむ、及び移郷《いごう》の人は、皆妻妾棄放《きほう》して配所に至ること得じ。

（『日本思想大系3　律令』）

この条文は、現代の常識とは反対に、流刑地には妻妾を同伴せよの意であり、実際、古代において、延暦元（七八二）年に伊豆三島に配流された氷上川継《ひかみのかわつぐ》には妻藤原法壱《ほういつ》も帯同している。この規定は中世においても、ひとまず有効であったと考えられている。それゆえ親鸞は、恵信尼を連れて配流地である越後へ向かったと考えられる。しかし従来は、恵信尼が越後の豪族の出で越後に所領があり、それゆえ親鸞は越後で恵信尼と結婚したと考えられてきた。
また、恵信尼が越後の豪族の出でないとすると、配流先の越後での生活は悲惨なものであったとも考えられよう。しかしながら、そうではなかったようである。というのも、親鸞の伯父日野宗業《むねなり》が越後権介《ごんのすけ》に任命されていたからである。

『公卿補任』建保五（一二一七）年条の日野宗業の注記には、

承元元正五従四上（中略）。同十三日越後権介。（中略）建暦二正十三兼長門権守。（後略）

とあり、日野宗業は、承元元（一二〇七）年正月一三日、親鸞越後配流のほぼ二か月ほど前には越後権介に任命されている。また、親鸞が赦免された建暦元（一二一一）年の翌年には長門権守《ながとごんのかみ》となっており、ほぼ親鸞の越後配流期間中は越後の権介であったようだ。

介というのは国司の二番目のランクで、しかも権介であるから正員ではないが、国司の一人であり、大きな権限を有していた。当時は遥任《ようにん》国司制であり、中央貴族が国司に任命されても任国へ行くことは少なく、代官を派遣することが多かった。しかし、任命直後と退任のときには下向することもあったようで、親鸞の配流地への旅には、宗業も同行していたかもしれない。

　とすれば、親鸞の越後への配流というのは、まさに温情的な処置であった可能性が高い。九条兼実ら法然の信者は、建永の法難の影響を最小限にとどめようとしたであろうし、宗業を越後権介に任命し、親鸞の配流地を越後にしたのもそうした処置の一環と考えられる。

　それゆえ親鸞の越後での生活は、流人とはいえ、かなり恵まれていた可能性がある。そのことは、建暦元年に恵信尼とのあいだに信蓮房が生まれており、子供を何人か育てる生活ができるほどであったことからも推測されよう。

　親鸞は、流人生活のイメージからはほど遠い生活を送っていたと考えられる。

なぜ関東へ向かったのか

　先述したように、親鸞伝の謎の一つに「親鸞は赦免後、帰京したのか否か」がある。

　前にも述べたように、親鸞は配流地で比較的自由な生活を送った可能性が高い。また、赦免時も伯父の日野宗業は越後権介であり、帰京に支障はなかったはずである。

　ところが、従来の研究は、『伝絵』の記事などに従い、帰京せずに常陸稲田に向かったとする。一方、仏光寺派や高田派の親鸞伝では帰京したとする。仏光寺派の『親鸞聖人伝絵』

を再度引用しよう。

聖人、越後国の国府に五年の居諸をへたまひてのち、建暦弐年正月廿一日勅免のあひた、おなしき八月廿一日、京都へかへりのほりたまひてのち、おなしき十月、華洛をいて丶、東関におもむきたまひけり、そのときまつ伊勢大神宮に参詣したまふ、しかうして常陸国に下着したまひて、

親鸞は、配流地の越後国府に五年間いたが、建暦二（一二一二）年正月に許され、八月に帰京したという。

仏光寺派の『親鸞聖人伝絵』は室町初期まで遡ることが明らかなので、親鸞は直接、越後から関東へ向かったのではなく、いったん帰京したと考えられる。そうすると、『伝絵』が親鸞の帰京の事実をねじ曲げたことになるが、それはまさに、『正明伝』ほかの説く九条兼実の娘玉日姫との結婚を隠そうとしたからだと考えられよう。

となると、つぎに問題となるのは、なぜ親鸞はいったん帰京したのに関東へ向かったのかということである。その理由もはっきりしない。

従来、たとえば五来重《ごらいしげる》氏などは、親鸞は善光寺聖《ぜんこうじひじり》となり、関東一帯で活動したと考えていた。その根拠は、現在の善光寺の妻戸堂に親鸞松という生花があり、それを親鸞が善光寺（堂衆）聖であった遺物と考えることなどによる（佐藤正英ほか『親鸞の核心をさぐる』）。しかし、それも確かな証拠とはいえない。

私は、親鸞が関東へ向かった背景に、以下のことがあると考えている。まず、帰洛前に法然上人も正妻の玉日姫も死去し、京都にとどまる理由がなくなったことがあげられる。法然は建暦元年（一二一一）年一一月に入京の許可が下ったが、帰京して二か月後の建暦二年正月二五日に死去している。他方、先述したように『正明伝』によると、親鸞は建暦二年八月半ばに京都へ帰ったという。

親鸞は、建暦二年八月に帰京したが、帰京に同行しなかった恵信尼のもとへ戻りたかったのであろうか、建保二（一二一四）年には上野国《こうずけのくに》佐貫《さぬき》（群馬県）に現われる。「恵信尼文書」の弘長《こうちょう》三（一二六三）年二月一〇日付け書状には、

「三ぶきやう」、げに〱しく、千ぶよまんと候し事は、しんれんぼう（信蓮房）の四のとし、むさしのくにやらん、かんづけのくにやらん、さぬきと申すところにて、よみはじめ

て、四五日ばかりありて、思かへして、よませ給はで、ひたちへおはしまして候しなり。しんれんぼうは日つじのとし三月三日のひにむまれて候しかば、ことしは、五十三やらんとぞおぼえ候。

こうちやう三年二月十日　　恵信

とある。これにより、弘長三年において五三歳であった信蓮房（明信）が、四歳であった建保二年には上野の佐貫で千部経読誦《せんぶきようどくじゆ》をしようとしていたことがわかる。しかし、それ以前の二年ほど、どこで何をしていたのかははっきりしない。

『正明伝』によると

同年《(建暦二)》十月、聖人は辺鄙の群萠を化益せんがために、遙に東関の斗藪をおぼしめし立て、下向あり。伊勢大神宮へも御参詣あり、同国桑名御崎と云所に一夜とまりたまう。（中略）聖人、伊勢国桑名より東海道を下たまう。まず常陸国下妻《しもつま》の小嶋郡司《こじまぐんじ》武弘《たけひろ》が館に下著ある。在京の時は先越後へと御志もありしかども、武弘そのかみ聖人に親昵《したしみ》の事あれば、

常陸笠間稲田の草庵　上：専修寺本、中：仏光寺本（『親鸞聖人伝絵』)、下：真宗大谷派『本願寺聖人伝絵（東本願寺康永本)』

此よしみを忘れず、京都まで使をまいらせて、連《しきり》に招請しけるほどに、まず小嶋に赴たまえり。暫ありて其年の冬おりふし、雪も降ざりければとて、越後へ立越たまう。是は四十歳の時なり。四十一歳二歳のうちは越後にましましながら、信濃上野の間に徘徊ありて、教化ひまなし。其後横曾根の性信房《しょうじんぼう》、御迎にまいられければ、亦下妻へかえられぬ。此性信房はかの郡司武弘が一家にて、聖人関東御門弟の中にはひさしき御弟子なりければ、武弘この人をもて御迎につかわしける。さてなん御かえりにとゞこおりもなかりき。郡司よろこびに堪《たえ》ず。偏《ひとえ》に師教を仰ぎて他念なし。ついに建保四丙子歳十一月、六十余歳にして殊勝の往生を遂《とげ》にけり。常には強気なる武士と見えしが、菩提心ふかゝりければ、臨終のめでたき事ども聞人これをうらやみけり。聖人も無二の御門徒なれば、哀にかなしく思召《おぼしめ》ける。

聖人四十五歳、建保五年丁丑夏のはじめ、同国笠間郷稲田と云所に移て草庵を占たまう。其由をたずぬれば、去年仲冬小嶋郡司すでに往生をとげぬ。聖人も最《いと》あじきなくおぼしめしける。爰《ここ》に国中に教化にあずかる道俗、おのおの小嶋に参て聖人に申よう、此所は当国のくにばしと申べし、郡司殿も既に御おしえに因て往生を遂にき、御心にかゝることも侍らじ、笠間の辺は信心の門徒多し、今は彼地にうつりかえられて、教化を専にしたまうべしと。聖人もさすがに其請も黙《もだし》がたくして彼方に移たまいき。是を稲田御坊と申なり。此にましますこと、十有余年なり。初には幽棲を占といえども、道俗あとをたずね、蓬戸を閉といえども、貴賤ちまたにみつ。是時聖人思たまわく、当初救世菩薩の告命すでに符合するに似たりとて、喜のありさま身に余たまえり。

建保七年の頃は聖人四十七歳にてましします。常陸下総下野のうち、此彼に往返し教化さかんなり。此時下妻に源三位入道頼政が末孫、兵庫頭宗重と云者あり。一門頼茂が謀叛に因て、同意あるかの由沙汰ありて捕られ、既に刑せられんとす。聖人深く乞詫《こいわび》て、すなわち剃髪し、御弟子としたまう。下妻蓮位房是也。

長くなったが、以上は『正明伝』からの引用である。『正明伝』にはかなり詳しく、親鸞の関東・越後在住のあいだのことが書かれている。

小嶋郡司武弘の招き

先述した佐貫での千部経読誦の件は、親鸞が四二歳のときのことであるが、「四十一歳二歳のうちは越後にましましながら、信濃上野の間に徘徊ありて、教化ひまなし」という具合に、記事にひとまず矛盾はない。

第一章でも述べたように、『正明伝』が種々の限界をもっているのは確かながら、厳しい史料批判を行なえば「恵信尼文書」などの限界を破ることのできる史料になり得るであろう。

右の引用によれば、越後を目指したが、途中、以前から昵懇《じっこん》であった「常陸国下妻の小嶋郡司武弘」からの招きがあり、常陸下妻に向かった。その後、越後に向かい、越後から信濃や上野に出かけて布教したという。ところが、小嶋郡司武弘が、横曾根（現、茨城県常総市）の性信房を使者に立ててまたも迎えに来たので、常陸下妻に再度向かったとある。小嶋郡司武弘は、親鸞に惜しまれながら建保四（一二一六）年一一月に死去した。

下妻は常陸の端の不便なところであり、初期の有力な門徒であり檀那であった小嶋郡司武弘が亡くなると、親鸞は、建保五年夏に常陸笠間郷稲田（現、茨城県笠間市、稲田御坊西念寺）に移って草庵を結んだという。こうして、常陸稲田を拠点として関東での布教が始まったのである。

この稲田への移住にあたっても、下妻移住の際の小嶋郡司武弘のような有力後援者がいたと考えられるが、はっきりしない。親鸞の弟子のリストである「門侶交名《もんりょきょうみょう》」には稲田六郎という人物が載っており、その人物が親鸞を招いたのかもしれない。

以後、嘉禎《かてい》元（一二三五）年六三歳前後で帰京するまで、稲田を中心に、親鸞は二〇年間に

親鸞関係関東地図（赤松俊秀『親鸞』より作成）

およぶ布教活動を行なったのである。そのあいだには、親鸞の思想的な達成といわれる『教行信証』の執筆を開始し、元仁《げんにん》元（一二二四）年にはその初稿本を完成させた。もっとも『教行信証』は、永遠の「未完」書であったといわれるほど絶えず校訂がなされており、その初稿本が完成したのがいつかについても異論が多い。宝治《ほうじ》元（一二四七）年には『教行信証』を尊蓮《そんれん》が書写しており、それ以前に完成していたことは確かである。

『教行信証』の執筆をめぐって

『教行信証』は、正確には『顕浄土真実教行証文類』といい、教・行・信・証・真仏土《しんぶつど》・化身土《けしんど》の六巻で構成されている。

仏教と一口でいっても八万四千の法門があるといわれるように、多数の教え、多数の修行方法がある。親鸞の師である法然は、念仏が阿弥陀仏によって選ばれた、極楽往生の最上の方法であると主張した。

法然は、ともすれば補助的な行ないとされていた念仏に最高の価値を与えたが、それは、『無量寿経』に説く第一八願に注目したに過ぎず、諸行往生を認める第一九願などは無視している。『無量寿経』の第一八願は、以下のような願である。

たとい我、仏を得たらんに、十方の衆生、心を至し信楽して我が国に生まれんと欲うて、乃至十念せん、もし生まれざれば、正覚を取らじと、ただ五逆と正法を誹謗を除く

〔訳〕

たとえ私が仏となったとしても、十方の衆生が、心を尽して、私の願を信じて、私の国に生まれたいと願い、十度の念仏を称え、もし、私の国に生まれないならば、私は仏とならない、ただし、五逆の罪を犯す者と、正しい法を誹る者を除く。

一方、第一九願は以下のような願である。

たとい我、仏を得たらんに、十方の衆生、菩提心を発し、もろもろの功徳を修し、心を至し発願して、我が国に生まれんと欲す、寿終の時に臨んで、たとい大衆と囲繞して、その人の前に現ぜずんば、正覚を取らじ、

〔訳〕

たとえ私が仏となったとしても、十方の衆生が、悟りを求める心をおこして、種々の功徳を修め、私の国に生まれたいと欲す、命が終わろうとするその時、もし私が仏の世界を生きる大衆と囲んで、その人の前に現れることがなければ、私は仏とならない。

この第一九願では、菩提心（悟りを求める心）を起こし、種々の功徳を修めることを認めている。

それゆえ、先の法然の主張は、必ずしも説得力のあるものではない。

法然は念仏を最上の教えとし、ほかの行を余行としたが、それは、戒律護持や座禅・読経などを重視していたほかの僧たちをおおいに刺激した。成仏を目指して修行を行なっている仏道修行者にとって、念仏を至上の行とする法然の主張はとうてい認められるものではない。その結果、続々と法然批判が起こり、「興福寺奏状」などの反論がなされるに至ったのである。

法然の教えをどう引き受けるのか

「興福寺奏状」とは、奈良の興福寺が元久二（一二〇五）年に朝廷に提出した法然批判の書で、解脱房貞慶《げだつぼうじょうけい》が草案を書いたものである。法然らの活動には以下の九つの失があることを述べて、朝廷にその禁断を求めている。すなわち、第一に新宗を立つる失、第二に新像を図する失、第三に釈尊を軽んずる失、第四に万善を妨ぐる失、第五に霊神に背く失、第六に浄土に暗き失、第七に念仏を誤る失、第八に釈衆を損ずる失、第九に国土を乱る失、の九つである。たとえば第三では、法然門下が余行とするものには「南無釈迦牟尼如来」と称えることも入っているなど、教主である釈迦をないがしろにするものと批判している。親鸞は法然の説に従ったが、法然は『選択本願念仏集』を著したのみであったので、親鸞やほかの弟子たちは、法然の教えを仏教全体の中でどう論証するかという課題を引き受けることになった。

親鸞は、浄土真宗の立場から、真なる教とはなにか、真なる行とはなにか、真なる信とはなにか、真なる証とはなにか、真仏土とはいかなるものか、真仏土ではない化身土とはなにかなどについて、多数の経典を引用しながら私釈を加えて論じている。

『教行信証』の論点は多岐にわたっているが、ようするに、大無量寿経がベストな経で、阿弥陀仏の力（他力）によってなされる称名念仏の行こそが本願にかなった行であるという点につきよう。それは心からの阿弥陀仏への信（それは自力の信ではなく、阿弥陀仏の働きかけによる信）にもとづくのであり、それによって極楽往生の結果として涅槃《ねはん》（成仏）という証（結果）

を得ることができるという。

さらに真仏土では、阿弥陀仏の真実の姿が光明無量、寿命無量であるとし、往生した衆生は涅槃を得て仏となるので、弥陀の姿は往生した衆生の姿であるとする。化身土では、先述の第一九願の諸行や第二〇願の自力念仏は、ただちに真の仏土に生まれるのではなく、方便としての仮の浄土に生まれるとし、諸行による往生を低位に位置づけている。

多くの経典の引用があり、漢文で書かれていることからも、『教行信証』は一般信者（門徒）に対してではなく、延暦寺ほかの官僧ら（その立場を「聖道門」とよんだ）に対して浄土真宗の立場を明らかにしようとして書かれたものと考えられている。

従来、親鸞といえば『歎異抄』が重視されてきた。だが『歎異抄』は弟子唯円《ゆいえん》の聞き書きであり、唯円の思想や唯円による親鸞思想の解釈が入っていると考えられている。それゆえ親鸞の著作である『教行信証』こそ、親鸞思想を考えるうえで重視されねばならない。

しかし、この『教行信証』の執筆をめぐっても謎が多い。というのも、従来依拠されてきた『伝絵』にはまったく『教行信証』の執筆について書かれていないからである。この点も、『伝絵』の史料的な限界を示している。

『教行信証』に引用された多くの教典を常陸稲田でどうやって手に入れたのかといった点

も謎である。この点は、つぎに論じることにしよう。

一切経の校合

親鸞は関東地方で布教を行ない、ある程度の成功を得、信者を獲得することができた。従来、関東の信者というのは農民のことだとする説が有力であった。しかし、下妻にせよ稲田にせよ、そこに拠点を置くためには、地方有力武士の帰依を受ける必要があった。

また、越後や関東で親鸞が農業をしていたという説もあったが、現在では、念仏のプロとして念仏の教導を行ない、『教行信証』の執筆や布教活動を行なっていたと考えられている。恵信尼と結婚し、在俗であっても、一面、僧侶の生活を行なっていたのである。まさに、非僧・非俗の生活であったといえよう。

元徳《げんとく》三（一三三一）年に真宗の重要な事項を覚如が二一か条にまとめて語ったものを、翌年、弟子の乗専《じょうせん》が筆記した『口伝抄《くでんしょう》』という書物がある。それによれば、親鸞が北条泰時《ほうじょうやすとき》（一一八三〜一二四二）主導の鎌倉幕府によって招かれ、鎌倉明王院《みょうおういん》に奉納された一切経《いっさいきょう》の校合《きょうごう》に従事したという。

明王院は、文暦《ぶんりゃく》二（一二三五）年六月に落慶法要《らっけいほうよう》が営まれた。開基は、四代将軍九条頼経《よりつね》で

一切経の校合（仏光寺本『親鸞聖人伝絵』）

ある。現在の鎌倉市十二所に所在し、五大明王が奉納され、五大堂明王院とよばれた。将軍御所の鬼門にあたり、鎌倉幕府を祈禱によって守護するために非常に重要視された寺院である。

また、一切経というのはすべてのお経という意味で、六千巻ものお経のコレクションである。当時は、手で筆写されることが多かったが、その原本との校訂作業に親鸞が従事したというのである。

この話はかつては否定されていたが、現在では、ほぼ承認されつつある。文暦二年、北条泰時の代に鎌倉明王院に一切経が奉納されたが、親鸞はその奉納予定の一切経の校訂作業に招かれ、従事したと考えられるのである。

親鸞はその作業中、鎌倉に滞在していたのであろう。とすれば親鸞は、関東の草深い田舎で農民とともに晴耕雨読の生活を行なっていたわけではなく、念仏僧の中でも、とりわけ学僧として鎌倉幕府に知られていたことになる。延暦寺の官僧時代に慈円の弟子として修学に励んだ親鸞の名は、そのころには鎌倉にも届いていたのである。

そもそも鎌倉の仏教界においても、東寺・園城寺・延暦寺といった官僧寺院で学んだ僧侶たちは重要視された。とくに園城寺系の官僧は大きな勢力を誇ったが、延暦寺系の官僧たちも、摂家将軍九条頼経の関東下向以後は勝長寿院《しょうちょうじゅいん》（現、廃寺、鎌倉市雪ノ下にあった）を中心におおいに勢力を伸ばしていた。それゆえ、九条兼実の娘を妻とするなど九条家ともゆかりのある親鸞が、頼経が開基の明王院に奉納された一切経の校合者に選ばれたのかもしれない。

常陸稲田の位置

常陸稲田というと、鎌倉から遠くはなれた農村のイメージが強い。しかし、川や湖に注目すると、鎌倉とは現在よりも強く結びついていたようである。

古代・中世において千葉・茨城の県境付近一帯には、霞ヶ浦・北浦から印旛《いんば》沼・手賀《てが》沼にいたるひと続きの大きな内海があったと考えられている。そのよび名はさまざまで、「香取《かとり》の海」「浪逆海《なみさかのうみ》」などとよばれていた。

香取というのは梶を取られるほど荒いという意味であり、浪逆海というのも浪が逆巻く荒れた海という意味である。香取社の名は、その香取の海に由来するという。ここでは、そうした史料に見える名称のうちから、川というより内海、入海であったことがよくわかり、香取社という名の源にもなった「香取の海」をもちいよう。

この香取の海は、一方において下総《しもうさ》（千葉県北部）と常陸（茨城県）とを分かつ境界であったが、他方、舟運の便によって両者を結びつけていた点も無視できない。その担い手たちは海《かい》夫《ふ》とよばれ、香取・鹿島社によって一定程度統括され、年貢を納める代わりに、香取の海での漁労や舟運に対する権利を保障されていたと考えられている。

現在では、江戸時代以降の干拓と開発で、その一帯はすっかり変貌をとげてしまった。とくに、江戸時代初期に行なわれた利根川の河道の変更は決定的であったという。すなわち、江戸湾に流れ込んでいた古利根川の河道が東に移され、現在のように銚子のほうへ変更されたのである。それ以後、香取の海の様相は一変してしまった。

以上のような川や香取の海を利用した舟運を考慮に入れると、稲田と鎌倉は、現在よりもずっと強く結びついていたことが想定されるのである。

それゆえ、常陸での布教にある程度成功すると、つぎに鎌倉で布教した可能性も考えるべきであり、『正明伝』の「聖人常陸下野より相州鎌倉にかよいて、道々教化あり」という記事にも可能性がおおいに出てくるのである。

東方植民の最前線としての常陸

親鸞が布教した常陸という場所は、どのようなところであったのだろうか。

源頼朝は奥州藤原氏との合戦に勝利すると、配下を奥州の地に派遣し、奥州の支配を確立すべくつとめた。しかし、鎌倉幕府の滅亡の背景の一つに蝦夷《えみし》の反乱があげられるように、必ずしも陸奥・出羽の支配は安定していなかった。そうした中、常陸の国は東方植民の最前線基地的役割を担っていたのであろう。

またそこには、香取の海が広がり、都市的な場である津が数多く存在し、海夫という漁労のみならず舟運に従事する人びとが住んでいた。彼らはさまざまな地域の人びとと接触し、「個」の自覚や悩みをもつ機会が多く、「個人」を対象とする新しい仏教である真宗や叡尊教団の律宗（新義律宗）に帰依することになったと考えられている。これについては次章でも述べよう。

第六章

帰京後の親鸞

親鸞は、一切経校合が終わったあとで帰京している。嘉禎《かてい》元（一二三五）年頃のことで、六三歳頃であったと考えられている。

この親鸞帰京に関しても謎に満ちている。『伝絵』では

聖人、東関の堺を出て、花城の路に赴ましくけり、

とのみあって、帰京の理由などは記されていない。『正明伝』も『伝絵』の記事とほぼ同じである。

親鸞帰京の理由について、従来は、鎌倉幕府の出した文暦二（一二三五）年の「念仏者禁制」のせいではないかと考えられていた。

念仏者事（文暦二　七　十四）

道心堅固の輩においては、異儀に及ばず、しかるに或いは魚鳥を喰らい、女人を招き寄

せ、或いは党類を結び、恣に酒宴を好むの由、あまねく聞こえあり、くだんの家においては、保々奉行人に仰せ、これを破却せしむべし、その身においては鎌倉中を追却せらるべきなり

（「鎌倉幕府法」『中世法制史料集』第一巻、九六頁）

〔訳〕

念仏者の事、

道心堅固の念仏者においては、異儀に及ばない。しかしながら、ある者は、魚鳥を食べ、女人を招き寄せ、ある者は、党類を結び、ほしいままに酒宴を好むという風聞が、あまねく聞こえてくる。件の家においては、保々の奉行人に命じて、破却せよ。その者においては鎌倉中から追放しなさい。

これによると、文暦二年七月一四日付けで鎌倉幕府は、道心堅固ではない念仏者の取り締まりと、鎌倉中からの追放を決めたとある。

親鸞の立場を見ると、まさにこの規定に抵触することは明らかである。とくに親鸞は、明王院の一切経の校合によって鎌倉内で有名になったと考えられるが、反面、結婚している事

実などが注目され、関東にいられなくなった可能性がある。

親鸞の帰京が、この念仏者禁制によるとする考えに対しては、念仏者への取り締まりは京都のほうがきびしかったのではないかという反論がある。しかし、その点ははっきりしないし、この法自体は鎌倉を中心とするものなので、明王院が落慶した文暦二年六月頃に鎌倉にいた可能性のある親鸞は、法の発布によって鎌倉、いや関東から京都へ帰る意志を固めたのであろう。

ただ問題となるのは、なぜ恵信尼を連れて帰京しなかったのかということである。うがった説では、親鸞は常陸に恵信尼とは別の妻ができたため恵信尼の怒りに触れ、憔悴のあまり帰京したのではないかとするものもある。

恵信尼の体調が悪く、親鸞について帰京できなかったとも考えられるが、ここでは謎としておくしかない。もっとも赤松説では、いったんは親鸞とともに帰京したが、後に越後へ向かったという。こう考えると、謎は解ける。

帰京後の親鸞

親鸞は帰京した。親鸞六三歳前後のことである。京都では、遷化する弘長二(一二六二)年までの二〇数年間をどのように過ごしたのであろうか。残された史料からは、自著『教行信証』の改訂を行なったり、関東の門弟からの求めに応じて典籍類を書写したり、教義上の疑問に答えたりするなど、精力的に活動を行なっていた様子がうかがえる。

聖人、故郷に帰て往事をおもふに、年々歳々夢のことし、幻のことし、長安洛陽の栖《すみか》も跡《あと》をとゝむるに嬾《ものうし》とて、扶風馮翊ところ〳〵に移住したまひき、五条西洞院わたり是一の勝地也とて、しはらく居を占たまふ、

このように『伝絵』にある。親鸞は帰京後いくつかの居所を転々とし、五条西洞院《ごじょうにしのとういん》（五条大路とは、現在の松原通）によい場所を見つけて、そこで暮らしたという。五条西洞院に住みつくまで、どこを転々としたのであろうか。

聖人跡を認来《とめくる》もものうしとて、或時は二条富小路にましまし、或時は一条柳原、又は三条坊門富小路、河東岡崎、あるいは吉水辺にもかくれ、清水なんどにも居たまえり。五条西洞院の禅坊は常の住居なり。

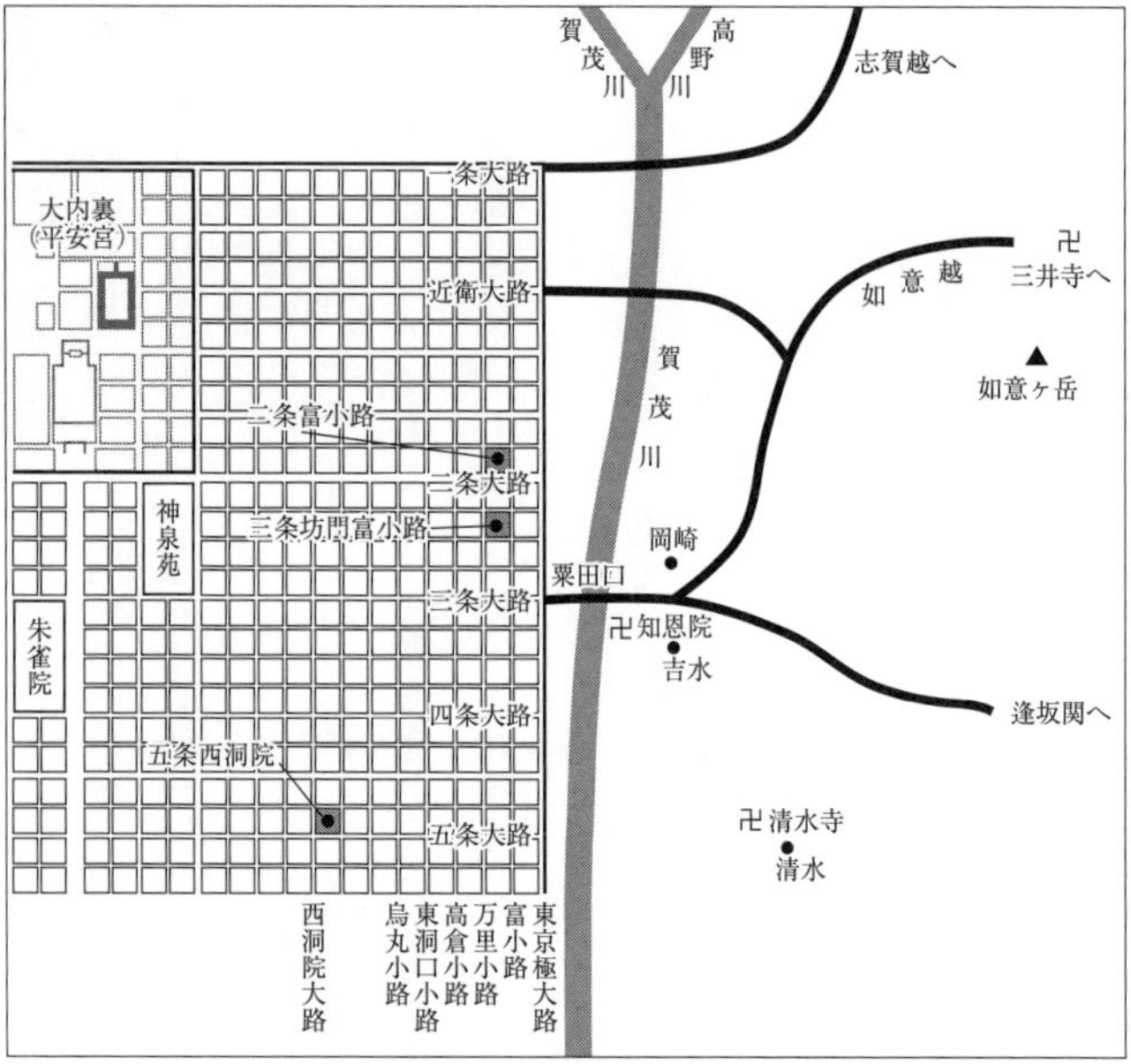

親鸞の隠遁地（推定）

親鸞は、弟子たちが訪ねてくるのも面倒だとして、あるときは二条富小路に住み、あるときは一条柳原、または、三条坊門富小路、河東岡崎、吉水辺にも隠れ住み、清水などにも居を構えたとされる。五条西洞院は常の住居である。

　これは『正明伝』の記事で、『伝絵』ではわからなかった居所が具体的にあげられていて、転々と住居を移していたさまがわかる。

　五条西洞院に関しては、覚如の弟子乗専が著した覚如の伝記『最《さい》須《しゅ》敬《きょう》重《じゅう》絵詞《えことば》』（一三五二年成立）五

第一七段（『続群書類従』第九輯上、九七頁）に、

聖人五條西洞院ノ禅房ニワタラセ給シトキ、カノ大徳《（善鸞）》マイリタリケルニ、常ノ御スマヰへ請ジ申サレ、冬ノ事ナレバ、爐辺ニテ御対面アリ。

とある。すなわち親鸞は、息子である善鸞と五条西洞院の屋敷で会っている。その時期は、建長五（一二五三）年頃と考えられている。

また「恵信尼文書」には、親鸞の息子である栗沢信蓮房《くりさわしんれんぼう》（明信《みょうしん》）が「のつみ」という山寺で、「五てうとの（五条殿）、御ため」に不断念仏を始めたとある。この「五条殿」を親鸞と考えれば、通称となるほど、親鸞は五条西洞院の屋敷に長く住んだことが推測されよう。

親鸞がどこで死去したかについて、『伝絵』には、

自㆓爾㆒以来、口に世事を不㆓交《まじえず》㆒、たゝ仏恩のふかき事をのふ、声に余言を不㆓呈《あらわさず》㆒、もはら称名たゆることなし、而同第八日〈午剋〉頭北面西、右脇に臥たまひ、つゐに念仏の息たへをはりぬ、于㆓時㆒、頽齢九旬に満たまふ、禅房は長安馮翊の辺〈押小路南、万里

小路東〉なれは、はるかに河東の路を歴《へ》て、洛陽東山の西麓、鳥部野の南辺、延仁寺に
　葬したてまつる、

とある。すなわち、親鸞は、「押小路南、万里小路東」で死去したという。

親鸞は、建長七年に火災にあい、そのために「押小路南、万里小路東」へ移住したと考えられている（宮崎円遵『親鸞とその門弟』）。この地がどこかについても異論があるが、いちおう、法泉寺跡（現、柳池中学校）と考えられている。

なぜ善鸞を義絶したのか

親鸞帰京後でいえば、建長八（一二五六）年五月二九日付けで起こった親鸞による善鸞《ぜんらん》義絶《ぎぜつ》事件（善鸞異義事件とよばれてきた）も謎に満ちている。善鸞義絶事件というのは、以下のような事件である。

善鸞は親鸞の息子で、おそらく親鸞から篤い信頼を受けていた。その母は、従来は恵信尼と考えられていたが、異論がある。というのも、後述するように、善鸞が恵信尼のことを「継母」とよんでいるからであり、ひとまず、恵信尼とは別腹の子であったと考えておく。

神奈川厚木の弘徳寺にある善鸞木像。江戸期の作と伝えられる（撮影：上林徳寛）。

親鸞は、善鸞を建長四（一二五二）年前後に関東へ代理の使者として下した。当時、関東地方の親鸞門弟のあいだで、教学的に動揺が広がっていたからである。それは、念仏を申しさえすれば、どのような悪事をなそうとも極楽往生間違いなしと考え、また、そうした悪人こそが阿弥陀仏の第一の救済対象なのだといって、悪事をなすものが現われたからである。こうした考えを「造悪無碍説《ぞうあくむげ》」という。それは「悪人正機説」を極端に解釈したもので、関東の親鸞の弟子のあいだでおおいに問題となっていた。そうした異義を糾《ただ》すべく、関東の門徒たちの要請を受けて親鸞が派遣したのが、善鸞であった。

しかし、善鸞はそうした動揺を抑えられず、逆に、親鸞から夜一人だけ、直接に口伝を受けたといって、親鸞の意図に反する教説を広めるようになった。さらには、親鸞門弟を鎌倉幕府に訴えるまでに至ったという。

関東の門弟たちは、親鸞へ手紙を書いて実情を伝えた。こうした関東教団の動揺を知った親鸞は、その原因を作っている張本人が善鸞だと知ると、建長八年五月二九日付けで善鸞義絶状を書いて善鸞を義絶することになったのである。

善鸞がどのような立場に立ち、どのようなことをなしたのかははっきりしない。先述の『最須敬重絵詞』では、親鸞の教えにはずれ、巫女たちに交わり、仏道修行にはずれた外道のようになり、病気になった覚如に対して護符を使い、呪札を呑ませて治療しようとしたという。

このように善鸞は手厳しく批判され、『伝絵』などではいっさい無視されているので、実情ははっきりしない。おそらく、「造悪無碍説」に対して、賢善精進《けんぜんしょうじん》、すなわち戒律護持をしたうえでの念仏生活を勧め、鎌倉幕府とも結んで、「造悪無碍」の門徒の取り締まりを行なったのではないだろうか。

善鸞派遣の背景

忍性（称名寺蔵・神奈川県立金沢文庫保管）

従来、善鸞の関東下向に関しては、関東の親鸞門徒集団内部の問題としてのみ考えられてきた。しかし、善鸞が関東に派遣された建長四年頃といえば、忍性《にんしょう》（一二一七～一三〇三）を中心とした律宗教団の常陸での教化活動がおおいに注目される。また、幕府為政者である北条時頼《ときより》（一二二七～六三）らの禅宗への帰依と、それにともなう戒律重視政策にも注意する必要がある。

まず、忍性の活動をみておこう。

忍性は、良観房《りょうかんぼう》ともいう。叡尊《えいぞん》の高弟の一人で、師叡尊をして「慈悲に過ぎた」と言わしめたほど、利他行（他者救済活動）に邁進した僧である。

とくに、奈良、鎌倉でのハンセン病患者の救済活動で知られている。カトリックのマザー・

テレサはカルカッタ（現、コルカタ）でハンセン病患者の救済活動を行ない、ノーベル平和賞を受賞したが、忍性は鎌倉版のマザー・テレサと評価できる人物である。

忍性は、現在の奈良県磯城郡三宅町屛風の出身で、貞永《じようえい》元（一二三二）年に母の死に際して額安寺《がくあんじ》（奈良県）で出家した。

叡尊の弟子となったのは仁治《にんじ》元（一二四〇）年のことで、建長四年以降は三村寺《みむらでら》（三村山清涼院極楽寺、つくば市小田、現在は廃寺）、極楽寺《ごくらくじ》（神奈川県鎌倉市）など関東を中心に活躍した。とくに、ハンセン病患者救済活動は注目すべき活動である。

当時、ハンセン病患者はもっとも穢れた存在とされていた。また、仏罰としてハンセン病に罹ったと考えられ（仏罰観）、人間にして人間に非ざる存在、すなわち、非人として忌避されていたほどであった。忍性らは、文殊信仰にもとづき、非人は文殊菩薩が仮に姿をやつした人だとして救済の手をさしのべた。ハンセン病患者を薬湯風呂に入れ、みずからの手で垢すりをし、食事を与えた。その一方で、仏教を教え、戒律護持を勧め、身体の元気な人には道路の修理などを手伝わせた。

忍性らの非人救済活動は、ハンセン病＝仏罰という、現在の我々の観点からすれば間違った考えにもとづいていたにせよ、献身的かつ慈悲の精神にもとづくその活動は、おおいに賞賛されるべきものといえる。こうした救済活動により、鎌倉幕府・朝廷の保護を得て鎌倉の港湾管理などを任され、極楽寺・金沢称名寺《しょうみょうじ》（横浜市金沢区）などが大発展を遂げた。

忍性による戒律護持の活動

ここで注目されるのは、忍性による、いわゆる戒律復興の活動である。忍性は、律僧として戒律を護持することは、成仏するためのすぐれた原因であるとし、常陸三村寺を中心に戒律の布教活動を行ない、大成功を遂げていた。その結果、関東地方においても、仏教信者の戒律護持が注目されるようになっていた。

忍性は、善鸞下向の年と考えられる建長四年（善鸞の下向に関しては建長五年説もある）には常陸三村寺へ入り、その地の領主小田氏の後援を受けて積極的に律宗の布教につとめていた。戒律というのは釈迦が定めたという仏教信者が護持すべき規則のことで、忍性らは、仏教信者に対して『四分律』や『梵網経』下巻に説く戒律護持を勧めた。

こうした忍性ら律僧にとって、親鸞門流の公然と妻帯する非僧非俗の立場は、とうてい容認できるものではなかったはずである。その結果、関東の門徒、とくに性信ら有力な門徒たちへの圧力は高まっていたはずで、「造悪無碍」の考えにも戒律護持の立場からの反論がなされたはずである。いわば、親鸞門流の「造悪無碍」的な立場が忍性らの活動によって顕在化していったともいえる。

先述したように、霞ヶ浦などを含む巨大な内海であった香取の海を使って布教活動を行ない、忍性の活動は大成功を収めた。その結果、まさに親鸞の布教が成功していた横曾根や稲田の一帯にまでも、忍性の教線はおよんだのである。

香取の海と忍性による布教

忍性は、三村寺を中心に、常総に広がる香取の海沿いの地で海上交通を利用しつつ布教活動を展開していった。

次頁の地図を見てほしい。この図は、中世の香取の海と主な津を示している。中世の香取の海と津については、応安七（一三七四）年頃に香取神宮大禰宜《おおねぎ》中臣長房が起草した「海夫注文」などによって知られる。地図を見ると、忍性の足跡と香取の海の津とがほぼ重なっていたことがわかる。

まず、鹿島神宮の御手洗寺《みたらし》は鹿島神宮の鹿島灘側の玄関口である御手洗にあり、忍性が当初拠点としていたところである。また、鹿島神宮の玄関口大船津《おおふなつ》は、忍性が修築したという

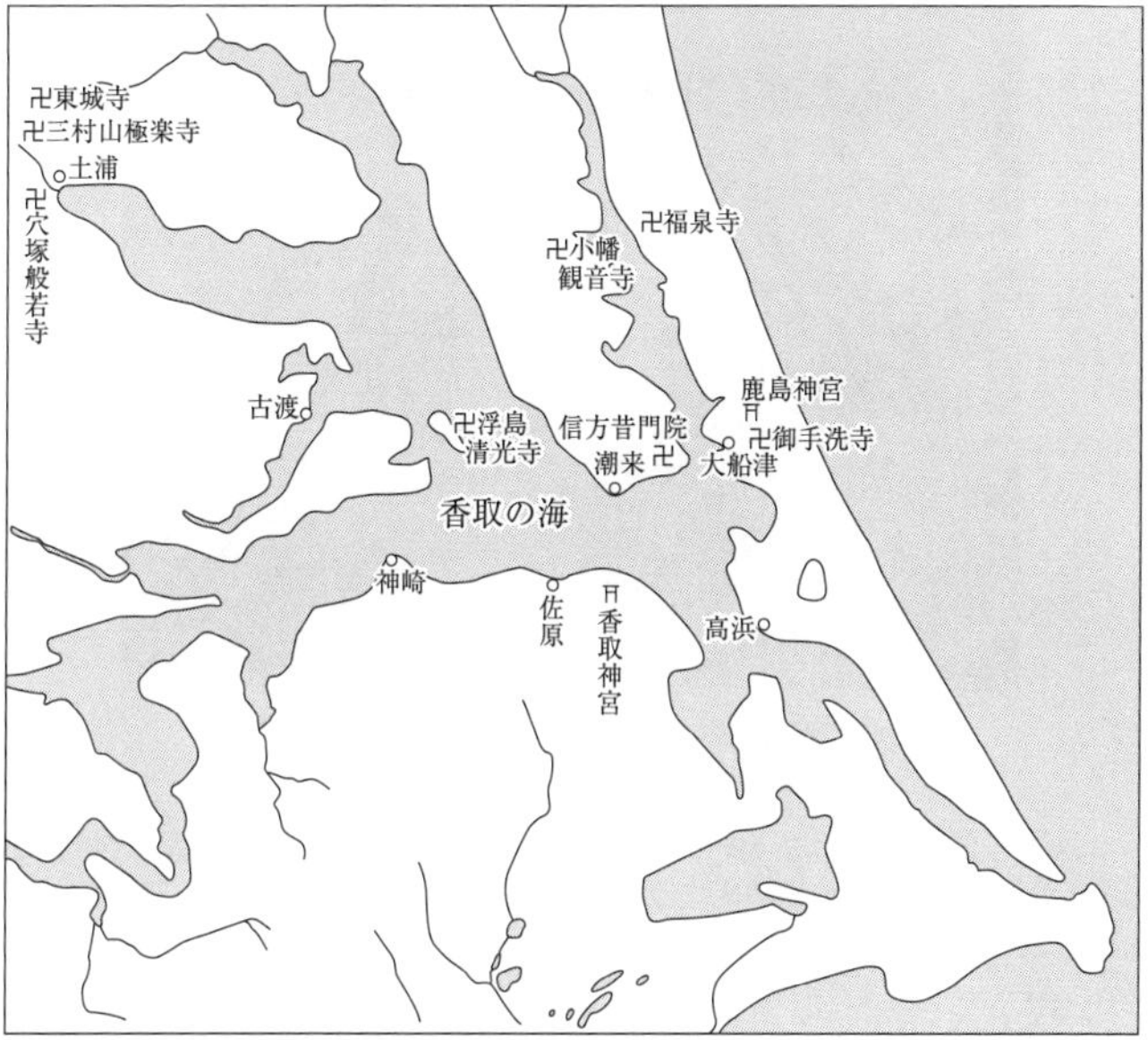

中世の香取の海と津の分布（拙著『忍性』より作成）

伝説がある。中居（茨城県鉾田市大蔵）の福泉寺も叡尊教団の律寺であった可能性がある。

大船津の対岸にある延方《のぶかた》（信方）普門院は、茨城県潮来市延方にあり、龍雲山普渡寺といい、現在は真言宗である。そこには、忍性が北浦の航海安全を祈り、「鰐魚」（鮫のことか）退散のために鹿島社の神木の南枝をもちいて彫刻したという船越地蔵が祀られている。普渡寺もかつては、忍性によって叡尊教団の律寺化していた。

また、建長七（一二五五）年に忍性が小幡観音寺（北浦村、現在は行

土浦般若寺の結界石（写真提供：土浦市立博物館）

方市）の如意輪観音像を再興したことが、台座内の納入文書からわかる。北浦というのも鹿島神宮の玄関口大船津の対岸であり、「香取の海」を通してつながっていた地である。

さらに、土浦般若寺が注目される。土浦般若寺は、現在茨城県土浦市宍塚《ししづか》にある真言宗の寺院である。般若寺には建長五（一二五三）年七月二九日付銘のある結界石が所在する。それは、律寺の寺地の四隅に置かれて聖なる領域をかぎるものである。それゆえ、その頃には般若寺が忍性によって律寺化していたと考えられる。石造五輪塔（高さ一・八メートル）などの遺物が残るが、とくに、建治《けんじ》元（一二七五）年に常陸国人である源海《げんかい》の勧進により、丹治久友によって梵鐘が製作されたことがわかっている。

以上のように忍性は、まず鹿島神宮を拠点としてその近辺に布教を開始し、「香取の海」を通って小田の三村寺へ向かい、そこからさらに「香取の海」を通して常総地域へ布教を展開したのである。

こうした常総地域は、かつて親鸞が活動し、鹿島門徒、横曾根門徒といった門徒集団が形成されていた地である。それゆえ、親鸞は直接、忍性とまみえることはなかったにせよ、常総の地で、忍性を中心とする叡尊教団と親鸞門流とで信者獲得競争がなされた可能性は高い。そうした信者獲得競争の結果、親鸞門徒の造悪無碍が問題とされ、その解決策の一つが善鸞の関東下向ではなかったかと考えられよう。

戒律重視の幕府

関東において親鸞門徒の「造悪無碍」が問題とされた背景のいま一つの理由に、鎌倉幕府の政策がある。そもそも親鸞門徒において、肉食妻帯などは親鸞以来、すなわち当初からのことであり、なぜ建長期になって問題となったかは、その時期の鎌倉幕府の政策をも考えねば理解しがたいのである。

とくに、その時期に幕政の中心にいた北条時頼の政策に注目すべきである。北条時頼は、中国人僧蘭渓道隆《らんけいどうりゅう》（一二一三～七八）に帰依し、彼を開山として、建長《けんちょう》五（一二五三）年に建長寺を鎌倉に開いた。

時頼の蘭渓道隆に対する帰依ぶりは、康元元（一二五六）年一一月二三日の時頼の出家（法名道崇《どうすう》）に際して、道隆が戒師（出家の際の師匠で、十戒を授けるなどを行なう）となったほどである。北条時頼は最明寺《さいみょうじ》（円覚寺《えんがくじ》のある谷の東側に隣接する谷にあった）で、半人前の僧とはいえ禅僧生活を送ったこともあった。

『吾妻鏡《あづまかがみ》』康元元年一一月二三日条によれば、その出家は「日来の素懐による」と記されている。それは当時、時頼が赤痢《せきり》となり、結局は回復するものの、死を強く意識したことによると考えられる。

時頼は出家に際して執権《しっけん》職から引退した。だが、赤痢から回復したあとは、以前と変わらず幕府の実権を握ったため、ここに北条氏の家督（得宗《とくそう》）による専制政治（いわゆる得宗専制政治）が始まったと考えられている。

出家の師蘭渓道隆と時頼との政治的関係に関しては、これまでほとんど注目されてこなかったが、時頼に対する蘭渓道隆の影響力は大きかったと考えられる。それを見るために、時頼が中心となって出した酒販売の禁止法を取り上げてみよう。

「沽酒《こしゅ》」というのは酒を販売することであり、沽酒の禁止法とは、酒の販売を禁止する法律である。

この沽酒の禁止の法律は、北条時頼を首班とする幕府が建長四（一二五二）年九月三〇日付けで鎌倉中と諸国の市に出したのが最初である。

鎌倉中の所々、沽酒を禁制すべきの由、保々の奉行人に仰す、よつて鎌倉中の所々の民家において注するところの酒壺三万七千二百七十四口と云々、また諸国の市酒全分停止すべきの由と云々

（『吾妻鏡』建長四年九月三〇日条）

すなわち、鎌倉中で酒の販売を禁止する命令が出され、保々の奉行人に対してその命令が伝えられた。そこで鎌倉中の民家が調べられると、各家には自家消費用の酒壺が全部で三万七二七四個あったという。また、諸国の市場で販売されている酒はすべて禁止されたという。

保というのは都市鎌倉の地域行政単位で、鎌倉は複数の保に区分され、それぞれの保には担当者（保奉行人）が任命されて、橋や道路の管理、商人統制などがなされていた。

なぜ禁酒なのか

こうした沽酒の禁止法は、文永元（一二六四）年四月と弘安七（一二八四）年六月には東国諸国の市を対象に、正応《しょうおう》三（一二九〇）年には尾張国守護宛てに出されている。都市鎌倉だけ解除されたとは考えがたく、鎌倉においても、鎌倉末期まで効力をもった法律だったと考えられる。

もちろん、こういう酒の販売を禁止する法が出されたからといって、どの程度、厳守されていたかは別の話で、繰り返し出されていたことは、逆に、しばしば守られていなかったことを示している。

一、東国沽酒の事
（前略）近年多く土樽と称し、筑紫より運ぶ、その費えなきにあらず、同じくこれを停止すべし
（「鎌倉幕府追加法」『中世法制史料集』第一巻、二二二頁）

実際、文永元（一二六四）年四月一二日付けの法によれば、鎌倉で販売される酒は遠く筑紫《ちくし》（福岡県）から「土樽」と称して運ばれてきている。このように、その実効性に疑問がないわ

けではない。

だが、建長四（一二五二）年九月の法令に関しては、かなりの厳しさで施行された様子がうかがえる。というのも、先に引用した『吾妻鏡』建長四年九月三〇日条によれば、鎌倉中の酒の販売の禁止を保々の奉行人に命じ、鎌倉中の酒壺を調べさせ、自家消費用の一壺を除いてほかは破壊させるという熱の入れようだったからである。アメリカ合衆国の禁酒法の例に照らしても、とうてい厳守されるはずがないと考えられがちだが、酒好きの多かった武士たちの都鎌倉で、なにゆえ、建長四年にそうした法令が初めて出され、厳守されようとしたのか。一見、不思議に思える。

このような法を、なぜ北条時頼を首班とする幕府が出したのかを明確に伝える史料はない。しかし、推測させる状況証拠はある。結論を先に述べれば、沽酒の禁止は、時頼が蘭渓道隆に帰依したことによるのではないだろうか。北条時頼の蘭渓道隆への傾倒ぶりは顕著なものだったからである。

禅僧たちが生活規範として依拠した戒律には、『梵網経』の下巻に説かれている十重四十八軽戒（一〇の重要な戒と四八の補助的な戒。以下、「梵網戒」と略記す）がある。

もし仏子、自ら酒を酤《う》（沽）り、人を教えて酒を酤らしめば、酤酒の因、酤酒の縁、酤酒の法、酤酒の業あり、一切の酒を酤ることを得ざれ。これ酒は罪を起す因縁なり。しかも菩薩は、まさに一切衆生をして明達の慧を生ぜしむべし。しかるに反りて更に一切衆生をして顚倒《てんどう》の心を生ぜしめば、これ菩薩の波羅夷罪《はらいざい》なり。

これは「梵網戒」の第五重戒で、「沽酒」の戒であり（石田瑞麿『梵網経』）、酒を販売してはならないことが書かれている。しかもそれは、波羅夷罪という、僧団追放にあたる重要な戒とされている。とすれば、戒律に厳格であった蘭渓道隆に帰依しその教えを受けた北条時頼は、仏教者の理想を都市民にも守らせようとしたと考えてもよいのではないだろうか。

以上、沽酒禁止令の分析を通じて、建長寺の開山蘭渓道隆が北条時頼に対して政治的にも大きな影響を与えていたと推測されることを述べた。北条氏の政権が戒律重視の政策をとっていたことは確かであろう。

当時の鎌倉幕府は戒律重視の政策をとり、庶民にも戒律護持を求める状況にあったのである。そこに、忍性ら、戒律復興を唱える律僧たちの布教活動もあって、関東における親鸞門流は厳しい状況に置かれていたのであろう。そしてその解決策として、善鸞の下向がなされたと考えられるのである。

善鸞が、賢善精進という戒律を護持したうえでの念仏を勧めたのも、そういう状況であれば容易に理解できるであろう。

親鸞の妻について

親鸞の妻をめぐる議論は一筋縄ではいかない。赤松説は恵信尼《えしんに》一人説をとり、これが通説といっていい。しかし、先述したように、『正明伝』や「日野一流系図」などに従って九条兼実の娘である玉日姫《たまひひめ》との結婚を認めると、最低、二人の妻がいたことになる。

この二人妻説、とくに玉日姫を親鸞の妻とする説は、一六世紀から江戸時代を通じての通説であったが、明治以後、近代の極端な「実証主義」によって否定されてしまった。そのうえ、一夫一婦制のもとで、恵信尼が「坊守」（真宗寺院の住職の妻のこと）のモデルとされたために、教団内にも恵信尼以外の妻の存在を認めたくないという傾向もあった。

そのために、玉日姫の存在は抹殺されてしまったと考えられる。第三章で引用した「親鸞夢記」などにある「玉女」から、玉日姫の伝承が生まれたとする説もある。しかし、『正明伝』ほかを考えると、玉日姫の存在は無視できない。第一章でも述べたが、『玉葉』に出てこないということをもって、その実在を否定することはできない。

さらに、「善鸞義絶状」の中で親鸞への批判として、善鸞が「継母に言い惑わされ」と述べているのも注目される。

「善鸞義絶状」というのは、先述のように、親鸞が建長八（一二五六）年五月二九日付けで慈信房（善鸞のこと）に宛てて出した書状で、善鸞に義絶を申し渡したものである。

オホセラレタル事、クハシクキヽテサフラウ、ナニヨリハ、アイミムハウトカヤトマフスナル人ノ、京ヨリフミヲエタルトカヤトマフサレサフラウナル、返々フシキニサフラウ、イマタカタチオモミス、フミ一度モタマハリサフラハス、コレヨリモマフスコトモナキニ、京ヨリフミヲエタルトマフスナル、アサマシキコトナリ、又、慈信房ノホフモンノヤウ、ミヤウモクヲタニモキカス、シラヌコトヲ、慈信一人ニ、ヨル親鸞カオシエタルナリト、人ニ慈信房マフサレテサフラウトテ、コレニモ常陸・下野ノ人々ハ、ミナシムラムカソラコトヲマフシタルヨシヲ、マフシアハレテサフラフエハ、今ハ父子ノキハ、アルヘカラスサフラウ、又母ノアマニモフシキノソラコトヲイヒツケラレタルコト、マフスカキリナキコト、アサマシウサフラウ、ミフノ女房ノ、コレエキタリテマフスコト、シシムハウカタウタルフミトテ、モチテキタレルフミ、コレニオキテハサフラウメリ、慈信房カフミトテ、コレニアリ、ソノフミツヤ〱イロハヌコトユエニ、マヽハヽニイヰマトワサレタルトカヽレタルコト、コトニアサマシキコトナリ、（中略）

五月廿九日《建長八年》　在判

同六月廿七日到来、建長八年六月廿七日註之

慈信房《善鸞》　御返事

嘉元三年七月廿七日書写了、

（『鎌倉遺文』文書番号八〇〇〇、親鸞書状写、下野専修寺文書）

〔訳〕

仰せられた事、詳しく聞いております。なんといっても、アイミン房と申す人が、京（親鸞）より文を得たとか申されておられるのは、かえすがえすも不思議なことです。いまだ形を見ていませんし、文を一度もいただいていませんし、こちらからも申すことがないのに、京都（親鸞）から文を得たと申すのは浅ましきことです。また、慈信房（善鸞）の（説く）法文のことは、名目すらも聞かないことで知らないことを、慈信

一人に夜に親鸞が教えたと、他人に慈信房が申されたというので、これにも常陸・下野の人びとは、みな親鸞が空言を申したと申し合わされたとのことで、今では父子の関係あるべからずです。また、母の尼にも不思議な空言を言いつけられたことは申しつくせないことです。浅ましいことです。みぶの女房がこちらへ来られて申すことに、慈信房から与えられた文といって、持って来た文がここにあります。慈信房の文には、(慈信房が)少しも関与しないために、親鸞が継母に言い惑わされたと書かれたのは、ことに浅ましいことです。

「善鸞義絶状」で傍線部分のように、善鸞が、親鸞は継母に言い惑わされていると述べたとすれば、親鸞には、少なくとも二人の妻がいたことになる。親鸞が否定しているのは「言い惑わされている」ことで、継母云々の件ではないのではあるが。

もっとも、激高した善鸞が、親鸞を(あたかも)「継母に言い惑わされ」たかのようだと言ったとする説もある。善鸞が親鸞と恵信尼の息子であったとすれば、そう考えざるをえないが、善鸞が恵信尼の子ではないとする史料もある。本願寺系図の別本(『真宗史料集成』第七巻、五六八頁)によれば、善鸞を九条兼実の娘(玉日姫)の子とするものがある。

範宴
- 印信　遁世　範意　改印信　母月輪関白兼実公女
- 女子　小黒女房ト云　母兵部卿大輔三善為教女　法名恵信
- 善鸞　宮内卿　慈信房　又善鸞　母月輪兼実公女
- 明信　従五位下　出家　益方太夫入道
- 道性　号高野禅尼　弥女
- 女子　左衛門佐広綱室　出家　法名覚信　法流之儀如信上人ヨリ相承

江戸時代の写本であり、必ずしも信頼できないが、善鸞の母が恵信尼ではなく九条兼実の娘だとすれば、「善鸞義絶状」に引く善鸞の主張も理解できる。そうした系図の存在から江戸時代の本願寺は、善鸞を親鸞と玉日姫との子とする主張の存在を認めていたのである。

親鸞の子どもについて

一六世紀の実悟撰の「日野一流系図」によれば、親鸞（延暦寺では範宴）には七人の子があったという。そこでは嫡男範意（後に遁世して印信）の母を九条兼実の娘とし、ほかの子どもの母は恵信尼としている。

大胆ながら、最後に私見の系図を示しておこう。諸系図類、「恵信尼文書」、先行研究などを参照し、私見を加えて作成した親鸞の家族略系図である。ここでは、親鸞には玉日姫と恵信尼の二人の妻がいたとしておく。建永の法難以来、親鸞は法的には俗人であり、当時、一夫多妻は普通のことで、なんら恥ずべきことではなかった。太字にした小黒女房、明信、有房、覚信尼は「恵信尼文書」に見え、親鸞と恵信尼との子女に間違いないであろう。善鸞の母については謎が残るか、現時点では、玉日姫との子と考えておく。

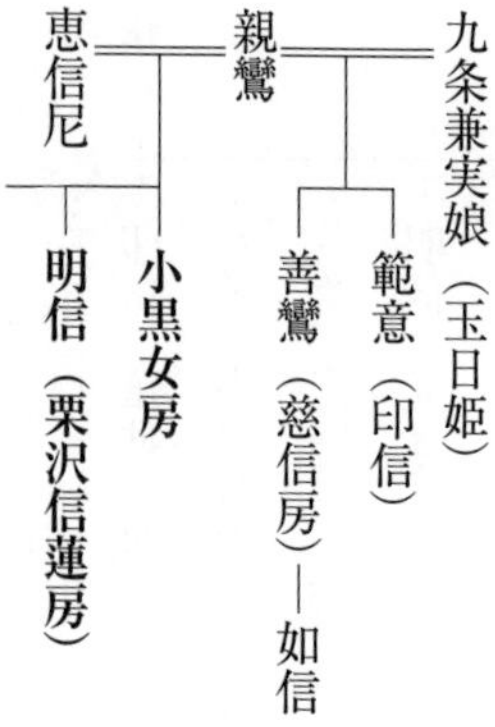

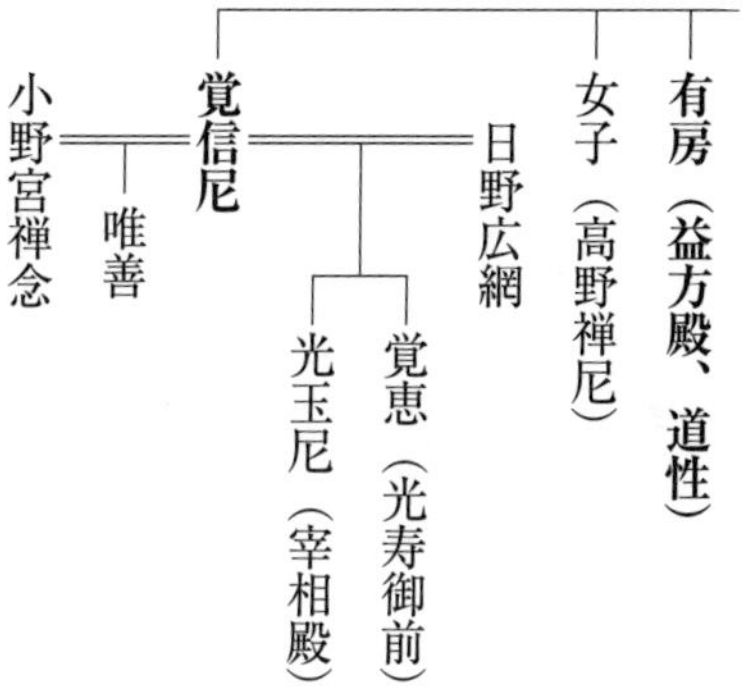

親鸞の死

聖人満九十歳、仲秋より門人のこと問来《といくる》もむずかしとて、御舎弟善法房僧都の里坊善法院に移まします。今年十月いささか御老疾ありしが、亦痊《いえ》にけり。十一月下旬の初より御いたわりにつきたまい、口に余事を交えず、専ら称名たうることなし。折折二尊

親鸞の入滅（専修寺本『親鸞聖人伝絵』）

曠大の御慈悲、大師源空上人の勧化に逢たてまつることをよろこびたまう。同二十八日午のなかばに至て、頭北面西右脇に臥て、念仏の息とともに遷化したまいぬ。終焉に逢門人、勧化を受し老若、仏日すでに滅し、法燈こゝに消ぬとて、恋慕涕泣せずと云ことなし。于時《ときに》弘長第二壬戌の冬にぞありける。禅坊は三条坊門の北がわ、富小路の西がわなれば、遙に河東の路を歴て、鳥部野の南、延仁寺におくりて火葬したてまつる。遺骨を拾て、鳥部野の北、大谷に納おわりぬ。聖人在世の奇特兎《と》毫《ごう》に尽がたし。滅後の潤益、魚網に余あり。啻《ただ》九牛が一毛をしるして、百万端の報謝に擬するもの爾《しか》なり。

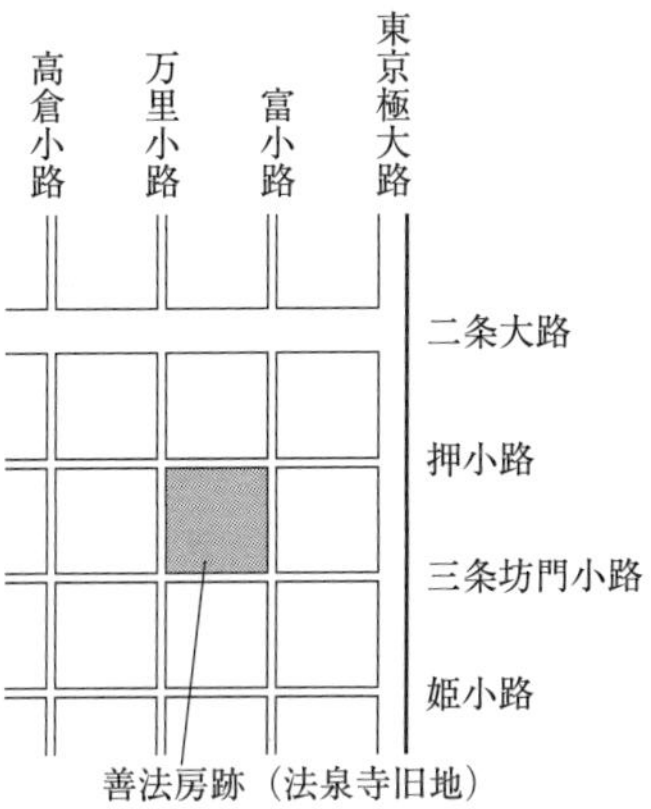

親鸞往生推定地

以上は、親鸞の死についての『正明伝』からの引用である。『正明伝』の描写は、本章の冒頭で引いた『伝絵』よりも少し詳しい。親鸞は、九〇歳になった八月一五日より、弟の尋有（第二章の系図参照）の住房であった善法房に移り、そこで死去したことが記されている。

先述のように、『伝絵』によれば、親鸞は、弘長《こうちょう》二（一二六二）年一一月二八日に「押小路《おしのこうじ》南、万里小路《までのこうじ》東」（法泉寺跡）の屋敷で死去したとある。『正明伝』では「三条坊門の北がわ、富小路の西」とするが、それは、上図を見ればわかるように、単なる表記方法の違いでしかなく、つまりは同じ場所である。

それにしても、「頭北面西右脇に臥て、念仏の息とともに遷化し」と表現されるだけで、親鸞の死去の様子があまりにそっけない。

古来、偉人の中でも宗教者の、とくに祖師の死は、奇瑞《きずい》をもって語られることが多い。紫雲たなびき、異香がし、音楽が聞こえるといったものである。それらは、阿弥陀仏が来迎し、極楽へ連れていってくれたことを示す瑞相《ずいそう》と信じられていたからである。


光明紫雲ノゴトクナリ、音楽哀婉雅亮《あいえんがりょう》ニテ、異香ミギリニ映芳《えいほう》ス

〔訳〕
光明は紫雲のようで、音楽はもの悲しくも雅やかで、妙なる香りが漂った。

これは親鸞の『浄土高僧和讃』からの引用で、法然の死の様子を詠んだものだが、親鸞も、法然の死を先の瑞相をもって語っている。

他方、親鸞の死に際しては、そうした瑞相がなかったようである。このことは、家族や弟子たちに深刻な不安を招いた。親鸞は往生できなかったのではないかというのである。

恵信尼の書状（第三通）は、娘覚信尼のそうした不安、疑問に答えたものである。

されば御りんずは、いかにもわたらせ給へ、うたがひ思まいらせぬうへ、おなじ事ながら、ますかたも、御りむずにあいまいらせて候ける、おやこのちぎりと申ながら、ふかくこそおぼえ候へば、うれしく候〳〵

〔訳〕
それゆえ、親鸞のご臨終の様子はどうであれ、極楽往生は疑いありません。同じ事ですが、息子の益方（日野有房のこと）もご臨終に立ち会うことができましたが、親子の契りとはいいながらも、深く思えばうれしいことでございます。

恵信尼は、親鸞の臨終に際して、そうした瑞相がなくても往生は疑いないというのである。親鸞の往生に対する恵信尼の確信が伝わってくる。

こうして親鸞は、ほかの祖師たちとは異なり、往生の奇瑞もなく、九〇歳で静かに覚信尼や益方らに看取られながら世を去った。

悪人正機説は誰が唱えたのか

一昔前は、親鸞といえば、かならず『歎異抄』の「悪人正機説」があげられ、それこそが親鸞思想の代表とされてきた。しかし、実をいうと、親鸞の革新性をどこに求めるかは、簡単ではない。というのも、「悪人正機説」は、親鸞の独創ではないことが、ほぼ明らかになってきたからである。

善人なをもて往生をとぐ、いはんや悪人をや。しかるを、世のひとつねにいはく、悪人なを往生す、いかにいはんや善人をや。この条一旦そのいはれあるににたれども、本願他力の意趣にそむけり。そのゆへは、自力作善のひとは、ひとへに他力をたのむこゝろかけたるあひだ、弥陀の本願にあらず。しかれども、自力のこゝろをひるがへして、他力をたのみたてまつれば、真実報土の往生をとぐるなり。煩悩具足のわれらは、いづれの行にても生死をはなるゝことあるべからざるを、あはれみたまひて願をおこしたまふ本意、悪人成仏のためなれば、他力をたのみたてまつる悪人、もとも往生の正因なり。よて善人だにこそ往生すれ、まして悪人はと、おほせさふらひき。

〔訳〕

（阿弥陀仏の力によって）善人ですら往生を遂げられるのだから、悪人においては間違いない。しかしながら、世の人びとは、常につぎのようにいう。すなわち、悪人ですら往生できるのだから、善人においては間違いない、と。この条は、一見すると謂われがあるように見えるけれども、阿弥陀仏の立てられた本願の趣旨に反している。そのわけは、自力作善の人は、もっぱら他力（阿弥陀仏）を頼む心に欠けているので、阿弥陀仏の本願ではない。しかしながら、自力の心を捨て、他力を頼みたてまつるならば、真実の浄土に往生を遂げるのである。煩悩が具《そな》わった我々は、どのような行であっても、生死を離れた悟りの境地に至ることはできない。それを、阿弥陀仏は、哀れみになって、願を起こされた本意は、悪人成仏のためなので、他力を頼みたてまつる悪人こそ、往生の正しい原因である。それゆえ、善人ですら往生できる、ましていわんや悪人においておやと、（法然上人が）仰せられた。

ここで述べられた、「善人ですら往生を遂げられるのだから、悪人においては間違いない」という一文。通常の常識、論理からすると逆説的な表現をとって、自力（自分の努力で往生したいという）の立場や作善（戒律を護持したり、座禅をしたり、布施をするなど）を排除し、ひとえに阿弥陀仏の絶対なる力（他力）を信じて念仏し、往生を願うべきとする主張は、衝撃的ですらある。それゆえ、この「悪人正機説」が注目されてきた。

もっとも、『歎異抄』でも悪人正機と表現されていないように、親鸞の言説には悪人正機という言葉はない。それゆえ、悪人正因説というべきだとする説もあるが、ここでは読者が理解しやすいように、人口に膾炙《かいしゃ》されている表記である「悪人正機説」という呼称をもちいる。

たしかに、『歎異抄』のこの言説によって、どれほどの人が救われてきたことであろうか。金持ちであれば布施もできるが、貧乏人には布施もできない。俗人には、戒律護持の生活は困難である。そうした人びとにこそ、阿弥陀仏の救済の手が伸びていることを伝えるこの言説は、どれほど人びとを勇気づけたことであろう。

明治の本願寺改革の代表的な指導者であった清沢満之《きよざわまんし》（一八六三〜一九〇三）らによって『歎異抄』が再発見され、親鸞は、真宗の祖師としてのみならず、日本を代表する思想家としてもてはやされるに至ったのも、この「悪人正機説」が寄与するところ大であった。

法然の説

しかし、近年の研究によれば、「悪人正機説」は親鸞の独創ではなく、法然も言っていたことが明らかになってきた。

法然の伝記の一つである『醍醐本法然上人伝記』の中に「善人尚以往生況悪人乎 口伝有之」と『歎異抄』と同じ文言があり、法然の口伝としている。また、覚如の『口伝抄』でも法然の口伝としている。

従来は、先に引用した『歎異抄』の「よて善人だにこそ往生すれ、まして悪人はと、おほせさふらひき」とある中の「おほせさふらひき」の「おほせ」の主体を親鸞ととっていたが、もしこれが法然だとすれば、「法然が仰せられた」と親鸞が唯円に言ったと解釈できる。それゆえ、「悪人正機説」は親鸞の独創ではなく、法然の説だというのだ。

だが、それも問題がないわけではない。というのも、『醍醐本法然上人伝記』は一二四二年頃に勢観房源智《げんち》系の人びとによって編集されたもので、それのみをもって、ただちに法然の説だとはいえない。

とくに法然は『選択本願念仏集』の中で、阿弥陀の慈悲は貧富・智愚・有戒無戒にかかわらず平等であるとは説いたが、悪人を善人に優先させるという発想はない。しかも、いずれも口伝と表記されているように、それらは慎重に扱うべき史料である。それゆえ、法然の説に帰するのではなく、法然門流のスローガン的なものとする説（末木文美士『日本仏教思想史論考』）もある。たしかに、法然門流のスローガンとする説はおおいに魅力的である。

しかし、法然の思想を『選択本願念仏集』のみで判断するのも無理がある。法然は、哲学者ではなく、宗教家であった。それゆえ、『選択本願念仏集』に書いたことが、法然思想のすべてではない。「善人なおもて往生をとぐ、いわんや悪人をや」のような、ある意味、誤解されかねない考えだとしても、口伝という形でならば源智や親鸞らに述べたことはありうるのではなかろうか。

口伝というのは、宗教家のみならず、当時の日本社会においてきわめて普通のことであり、法然がそれをしなかったと考えるほうが異常である。『選択本願念仏集』自体、一部の弟子にしか書写させなかったような、ある意味、口伝集である。そもそも、『選択本願念仏集』は、末尾に「こいねがわくば、一たび高覧を経てのち、壁の底に埋めて、窓の前に遺すことなかれ。おそらくは破法の人をして、悪道に堕せしめざらむがためなり」と記しているように、九条兼実の閲覧後は秘書扱いにすることを望まれた本だったのである。

親鸞のみならず、源智の門流においてもそういう口伝が伝わっていたことは、法然がそうした口伝をしなかったとするよりも、行なっていた可能性を示していると考えたい。

そもそも親鸞は、先述したように、法然に対して絶対的に帰依していた。『歎異抄』で親鸞が法然の仰せと述べ、『醍醐本法然上人伝記』で口伝とはいえ法然に帰せられていることからすると、法然が、はばかりつつも、弟子たちに述べていたと考えてもよいのではないだろうか。

私は、親鸞の説といわれているものは、絶対的に帰依していた法然の考えを敷衍《ふえん》したものではないかと考えている。親鸞は、主観的には教団を作る意図はなく、ただ、自己の耳底に残る法然の言説を、一般仏教の経典を使って補強し、布教しようとしていたのではないかと考えている。

親鸞の革新性――在家仏教の祖親鸞

それでは、親鸞自身に独自性がなかったのかといえば、そうではない。

まず第一に、法然の「命令」とはいえ、親鸞が公然と妻帯し、在家仏教の祖となったのは決定的に重要なことである。おそらく、それは法然の予想を超えた結果をもたらしたはずである。

日本の仏教の特徴の一つに、僧侶の妻帯に見られる在家主義があげられる。中国・韓国・タイ・スリランカなどほかの仏教国においては僧侶の妻帯などもってのほかであり、そんなことをすれば、僧侶の資格を剝奪され、僧団から追放される。なぜならそれは、釈迦が定めた規則である戒律に違反する行為であり、戒律には僧団追放と規定されているからだ。

ところが日本では、戒律の違反を咎められることもなく僧侶の結婚が認められているが、こうした在家仏教は親鸞教団に始まるといってよい。もちろん、親鸞以前においても女犯(いやむしろ男色の僧が多かったようだが)の僧は数多くいた。

そのことは「真弟子」という言葉に端的に示されている。それは、真なる弟子というのではなく、実の子で弟子になった僧を指している。これは、僧侶の女犯、妻帯の存在を示しているのだ。

しかし、公然と妻帯し、それを弟子にも認めた僧はいなかったといってよい。それゆえ男色関係のほうが一般化し、ほとんど文化となっていたのであろう。

親鸞は、そうしたいびつな僧侶社会の文化を否定する意味もあって、弟子に妻帯を認めたのかもしれない。妻帯を認める親鸞門流は、当時においては、その破天荒さもあってか、決してメジャーな存在ではなかった。

戦国時代の蓮如の努力によって、僧侶の妻帯を認める親鸞門流の巨大な教団が形成された。明治以後は、他宗のすべての教団が親鸞にならって妻帯を認めるようになり、在家仏教が日本仏教の特徴となった。これこそ親鸞の独自性であり、法然に背中をおされて踏み出した親鸞の足跡が、現代の我々にも巨大な影響を与えている証しの一つである。

親鸞の革新性――個人宗教の自覚

今一つの親鸞の独自性として、親鸞仏教が救済対象を「個人」であると認識していた点がある。『歎異抄』には以下のような文がある。

（親鸞）聖人のつねのおほせには、弥陀の五劫思惟の願をよくよく案ずれば、ひとへに親鸞一人がためなりけり。さればそれほどの業をもちける身にてありけるを、たすけんとおぼしめしたちける本願のかたじけなさよと、御述懐さふらひし

〔訳〕
親鸞聖人が、常々おっしゃっていたことに、阿弥陀仏（が法蔵菩薩として修行中）の五劫

（一劫は四三億二千万年）という想像を絶する長期間にわたる思考の結果立てられた願を、よくよく考えてみると、それはひとえに親鸞一人のためであった。それゆえ、私ほどものすごい罪業（地獄道へ落ちるといった輪廻の原因となる）をもつ身でありながらも、助けようとお考えになって立てられた本願はなんとかたじけないことであるよと、しみじみ述べられた

親鸞が弟子唯円に対して、「阿弥陀仏の五劫（二一六億年）という長期間にわたる思考の末の願をよくよく考えてみると、それは、ひとえに親鸞一人がためである」といつも言っていたことがわかる。

それは、阿弥陀仏の本願は親鸞一人のためにあるという親鸞の自惚《うぬぼ》れを表わしているわけでは決してない。それは、私ほどの「業」をもっている身でさえ阿弥陀仏が助けようとされるのだという言葉であり、そこから判断すれば、悩める「個人」として、阿弥陀仏の救済対象の典型としての親鸞の自覚を表わしていると考えられる。業というのは行為のことであり、仏教では、業によって来世においてどこに輪廻転生するかが決まる。それゆえ、この言葉は、親鸞の「個」の自省を表わしていると考える。

まさに親鸞が説いた仏教は、もっというならば法然教団の仏教は、「個人」の救済を目指す宗教であったことを示していると考えられる。

鎌倉新仏教以前のいわゆる旧仏教は、その担い手に注目するならば、官僧集団であった。空海《くうかい》の打ち立てた真言宗《しんごんしゅう》も最澄《さいちょう》の天台宗《てんだいしゅう》も、いずれも担い手は官僧であった。官僧は一種の官僚であり、いわば国家公務員として天下泰平・玉体安穏を祈禱することを第一義としていたのである。貴族の氏寺においても、天下泰平・玉体安穏の祈禱を行なうのは当然のこととされていた。

玉体安穏の祈禱というと天皇の安穏を祈ることを意味するが、誤解してほしくない点は、決して個人としての天皇の安穏を祈ったのではないということだ。官僧たちは、大和民族共同体の体現者、代表者としての天皇の安穏を祈っていたのだ。つまり官僧たちは、大和民族共同体の安穏を祈願するのを第一義としていたことになる。

こうした共同体の安穏を祈る宗教を、私は共同体宗教とよんでいるが、氏寺は氏共同体の祈禱をし、村の社《やしろ》は村共同体のための祈禱をする。こうした寺や社も共同体宗教を担っていたのである。

他方、官僧身分を離脱した法然、親鸞ら遁世僧たちは、都市民の中に入っていき、「個人」救済に邁進していった。こうした遁世僧たちこそが、いわゆる鎌倉新仏教の担い手であった。

　遁世僧の仏教が「個人」救済を目指していたことは、別稿（『鎌倉新仏教の成立』）で詳しく論じたので、そちらを参照されたいが、数多い鎌倉新仏教の祖師の中において、自己の仏教が「個人」宗教であることを自覚し、言説化していた点も親鸞のおおいなる独自な点といえる。

参考文献

赤松俊秀『親鸞』吉川弘文館、一九六一（新装版、一九八五）
石田瑞麿『仏典講座14　梵網経』大蔵出版、一九七一（新装版、二〇〇二）
市村高男「中世における房総の位置」『千葉史学』21、一九九二
井上慶隆「恵信尼の父三善氏について」『日本歴史』四八四、一九八八
今井雅晴『親鸞の家族と門弟』法藏館、二〇〇二
梅原真隆『恵信尼文書の考究』永田文昌堂、一九六〇（初版は専長寺文書伝導部発行所、一九五七）
上横手雅敬「『建永の法難』について」上横手雅敬編『鎌倉時代の権力と制度』思文閣出版、二〇〇八
小野一之「聖徳太子墓の展開と叡福寺の成立」『日本史研究』三四二、一九九一
堅田修「聖徳太子観音化身説成立の背景」仏教史学会編『仏教の歴史と文化』同朋舎出版、一九八〇
菊村紀彦・仁科龍『親鸞の妻・恵信尼』雄山閣出版、一九八一（新装増補版、一九九〇）
草野顕之「親鸞遷化地に関する一考察」『大谷大学史学論究』一〇、二〇〇四
草野顕之「親鸞聖人伝再考」『真宗教学研究』二六、二〇〇五
草野顕之編『親鸞』吉川弘文館、二〇〇四
西郷信綱『古代人と夢』平凡社、一九七二（平凡社ライブラリー、一九九三→平凡社選書、一九九九）

佐々木正『親鸞始記』筑摩書房、一九九七
佐藤弘夫『鎌倉仏教』第三文明社、一九九四
佐藤正英ほか『親鸞の核心をさぐる』青土社、一九九二（増補新版、一九九七）
真宗教団連合編『親鸞』朝日新聞出版、二〇〇九
末木文美士『日本仏教思想史論考』大蔵出版、一九九三
末木文美士『仏典をよむ』新潮社、二〇〇九
平雅行「将軍九条頼経時代の鎌倉の山門僧」薗田香融編『日本仏教の史的展開』塙書房、一九九九
平雅行『親鸞とその時代』法藏館、二〇〇一
武覚超『比叡山諸堂史の研究』法藏館、二〇〇八
千葉県立中央博物館編『平成五年度特別展図録　香取の海』千葉県立中央博物館、一九九三
畑龍英『親鸞を育てた一族』教育新潮社、一九八三
林智康ほか編著『親鸞読み解き事典』柏書房、二〇〇六
平松令三『親鸞』吉川弘文館、一九九八
福田和彦『艶色説話絵巻』ベストセラーズ、一九九二
藤本浄彦編『法然の原風景』四恩社、一九九三
古田武彦『親鸞思想』明石書店、一九九六（初版は冨山房、一九七五）
宮崎円遵『親鸞とその門弟』永田文昌堂、一九五六
山田文昭『親鸞とその教団』法藏館、一九四八

拙著

『鎌倉新仏教の成立』吉川弘文館、一九八八（新版、一九九八）
『勧進と破戒の中世史』吉川弘文館、一九九五
『鎌倉新仏教の誕生』講談社現代新書、一九九五
『忍性』ミネルヴァ書房、二〇〇四
『破戒と男色の仏教史』平凡社新書、二〇〇八
『山をおりた親鸞　都をすてた道元』法藏館、二〇〇九

史・資料

「恵信尼文書」石田瑞麿訳『親鸞全集』別巻、春秋社、一九八七（新装、二〇〇一）
平松令三編『真宗史料集成』第七巻「伝記・系図」同朋社、一九七五
『真宗聖教全書』第二「宗祖部」大八木興文堂、一九八七
『真宗重宝聚英第五巻　親鸞聖人伝絵』同朋舎出版、一九八九
「浄土高僧和讃」石田瑞麿訳『親鸞全集』第四巻、春秋社、一九八六（新装、二〇〇一）
「親鸞夢記」親鸞聖人全集刊行会編『親鸞全集』第四巻、法藏館、一九六九

おわりに

本書は、人間親鸞の足跡を史料に即して追う試みである。その際、従来、顧みられることの少なかった『親鸞聖人正明伝』といった史料などを使い、親鸞の実像に迫ろうとした。親鸞は、自己を語ることが少なかった。また、宗教教団の祖師にありがちなことだが、教団による神話に包まれている。いや、親鸞に関連する史料のほとんどは神話集といってよいだろう。

これまでは、ともすれば教団関係者の親鸞伝が多かった。また、『歎異抄』などに注目した、どちらかといえば思想史的なアプローチが多かった。本書では、できうるかぎり「客観的」な分析を試み、生身の親鸞の「実像」に迫ろうとしたつもりである。

それは、「はじめに」でも述べたことだが、宗教者にとっては、「この人をみよ」というように、祖師は生きるモデルだからである。祖師の一挙手一投足が模範であるからだ。神話のベールをはぎ取り、生身の親鸞にできうるかぎり肉薄せんと試みたつもりである。

それにしても、親鸞の足跡を、新たな史料を批判的に使いながら見てゆくと、法然の影響の大きさが見えてくる。おそらく親鸞にインタビューすれば、「私は、新しいこと、独自なことは何もしていません。ただ、師法然の御指示どおり、仰せのままにやってきただけです」と答えたはずだ。それほど親鸞は法然に絶対的に帰依していたし、法然死後もそうであった。親鸞思想なるものは、すべて法然思想に由来すると言うべきかもしれない。

そうした親鸞の意図を超えて、巨大な教団が形成されてゆき、悪人正機説のような法然の説までも親鸞の説として広まり、拡大していったのであろう。

誤解をさけるために述べておくと、親鸞は法然の巨大な影響下にあったとはいえ、本書で述べたように、人間親鸞の存在自体のメッセージは、僧侶の妻帯を始め、現在の日本仏教全体に巨大な影響を与え続けている。

それにしても、何百年も何百万人もの人びとに影響を与えてきたし、今も与え続けている親鸞という人間の大きさを改めて知らされた旅であった。

最後に、拙い本書の刊行に際して協力をいただいた編集部の石浜哲士氏と五十嵐広美氏に感謝の意を表したいと思う。また、鬼籍に入って見守ってくれている父・庄次と母・武子に本書を捧げたいと思う。

松尾剛次

松尾剛次——まつお・けんじ

● 1954年、長崎県生まれ。東京大学大学院人文科学研究科国史学専門課程博士課程を経て、現在、山形大学人文学部教授。東京大学文学博士。専攻は日本宗教史。
●主な著書に、『鎌倉新仏教の成立』(吉川弘文館)、『中世鎌倉を歩く』(中公新書)、『仏教入門』(岩波ジュニア新書)、『「お坊さん」の日本史』(生活人新書)、『日本中世の禅と律』(吉川弘文館)、『忍性』(ミネルヴァ日本評伝選)、『破戒と男色の仏教史』『葬式仏教の誕生』(以上、平凡社新書)など多数。

NHKブックス [1152]

親鸞再考　僧にあらず、俗にあらず

2010 (平成22) 年 2 月25日　第1刷発行
2011 (平成23) 年12月15日　第3刷発行

著　者　松尾剛次
発行者　溝口明秀
発行所　NHK出版
東京都渋谷区宇田川町41-1　郵便番号150-8081
電話　03-3780-3317(編集)　0570-000-321(販売)
ホームページ　http://www.nhk-book.co.jp
携帯電話サイト　http://www.nhk-book-k.jp
振替　00110-1-49701
[印刷] 三秀舎／近代美術　[製本] 藤田製本　[装幀] 倉田明典

落丁本・乱丁本はお取り替えいたします。
定価はカバーに表示してあります。
ISBN978-4-14-091152-5 C1321

NHKブックス 時代の半歩先を読む

＊歴史（Ⅰ）

出雲の古代史 門脇禎二
法隆寺を支えた木 西岡常一／小原二郎
「明治」という国家（上）（下） 司馬遼太郎
「昭和」という国家 司馬遼太郎
日本文明と近代西洋―「鎖国」再考― 川勝平太
武士の誕生―坂東の兵どもの夢― 関 幸彦
百人一首の歴史学 関 幸彦
戦場の精神史―武士道という幻影― 佐伯真一
黒曜石 3万年の旅 堤 隆
知られざる日本―山村の語る歴史世界― 白水 智
黒田悪党たちの中世史 新井孝重
王道楽土の戦争 戦前・戦中篇 吉田 司
王道楽土の戦争 戦後60年篇 吉田 司
日本という方法―おもかげ・うつろいの文化― 松岡正剛
高松塚古墳は守れるか―保存科学の挑戦― 毛利和雄
源氏将軍神話の誕生―襲う義経、奪う頼朝― 清水眞澄
関ケ原前夜―西軍大名たちの戦い― 光成準治
江戸に学ぶ日本のかたち 山本博文
天孫降臨の夢―藤原不比等のプロジェクト― 大山誠一
親鸞再考―僧にあらず、俗にあらず― 松尾剛次
陰陽道の発見 山下克明
女たちの明治維新 鈴木由紀子
山県有朋と明治国家 井上寿一

＊歴史（Ⅱ）

ハプスブルク歴史物語 倉田 稔
ハプスブルク文化紀行 倉田 稔
バーミヤーン、遙かなり―失われた仏教美術の世界― 宮治 昭
鉄を生みだした帝国―ヒッタイト発掘― 大村幸弘
人類がたどってきた道―〝文化の多様化〟の起源を探る― 海部陽介
アンコール・王たちの物語―碑文・発掘成果から読み解く― 石澤良昭
ロックを生んだアメリカ南部―ルーツミュージックの文化的背景― ジェームス・M・バーダマン 村田 薫
アメリカ黒人の歴史 ジェームス・M・バーダマン
マヤ文明を掘る―コパン王国の物語― 中村誠一
十字軍という聖戦―キリスト教世界の解放のための戦い― 八塚春児
異端者たちの中世ヨーロッパ 小田内 隆
フランス革命を生きた「テロリスト」―ルカルパンティエの生涯― 遅塚忠躬
文明を変えた植物たち―コロンブスが遺した種子― 酒井伸雄

※在庫品切れの際はご容赦下さい。